Los cristianos del siglo XXI

Colección «PASTORAL»
63

Tema GLOBALIZACIÓN

Col. Rut. de los
Cuatro Grandi!

Mayo 2002

9 10 11 12 1 2 3 4 5 6 7

MYRGA

ABRIL

9

						1
2	3	4	5	6	7	**8**
9	10	11	12	**13**	14	**15**
16	17	18	19	20	21	**22**
23	24	25	26	27	28	**29**
30						

Santos Marcelo y Hugo, obs. y santa Casilda

Semana 15 **LUNES** 99 - 266

EL BANCO DEL TIEMPO

Cada uno de nosotros tiene un banco muy particular. Su nombre es Tiempo. Cada mañana, este banco te acredita 86.400 segundos. Cada noche, este banco borra y da como pérdida cualquier cantidad de ese crédito que no hayas invertido en un buen propósito, en algo positivo que ayude al bien común. Este banco no arrastra saldos. Cada día te abre una nueva cuenta. Cada noche elimina los saldos del día; si no usas tus depósitos del día, la pérdida es tuya. No se puede dar marcha atrás.

Debes vivir en el presente con los depósitos de hoy. Invertir con el fin de conseguir lo mejor en magnanimidad, lo máximo en bondad. El reloj sigue su marcha: saca lo más que puedas del día.

* * *

"Cuchillo malo, más corta en el dedo que en el palo".

Este refrán indica que las cosas que no cumplen su función como deberían son más perjudiciales que útiles.

NOVIEMBRE

1er Viernes

Solemnidad de Todos los Santos

Ss. Juan, Audomaro, Austremonio, Vigor, Marcelo, Licinio obs.; Diego pb.; Cesáreo, Sabas, Dacio, Benigno, Cirenia, Juliana, Pedro de Barco de Ávila mrs.; Severino monje.

Misa: *De Todos los Santos*

Luis González-Carvajal Santabárbara

Los cristianos del siglo XXI

Interrogantes y retos pastorales ante el tercer milenio

Editorial SAL TERRAE
Santander

Polígono de Raos, Parcela 14-I
39600 Maliaño (Cantabria)
Fax: 942 369 198
E-mail: salterrae@salterrae.es
http://www.salterrae.es

Con las debidas licencias
Impreso en España. Printed in Spain
ISBN: 84-293-1375-3
Dep. Legal: BI-2523-00

Fotocomposición:
Sal Terrae – Santander
Impresión y encuadernación:
Grafo, S.A. - Bilbao

Índice

Segunda Parte
Los grandes problemas de la Iglesia

Prólogo

Nuestros bisabuelos y nuestros tatarabuelos despidieron el siglo XIX llenos de confianza en el futuro. Los comercios y las cafeterías inaugurados por aquellos años recibían a menudo nombres como «El Progreso», «El Porvenir»... Todos pensaban que les es-peraban días luminosos. Sin embargo, el siglo XX se ha encargado de bajar los humos a la humanidad. Sus guerras han dejado pequeñas a las de cualquier otro siglo anterior, y en nuestro Planeta hay actualmente más personas hambrientas que nunca.

Como dijo en 1992 Yehudi Menuhin –el músico inglés recientemente fallecido–, el siglo XX es el que «despertó las mayores esperanzas que haya concebido nunca la humanidad, y destruyó [después] todas las ilusiones e ideales»[1]. Nosotros hemos asimilado esa lección tan amarga y hemos recibido el siglo XXI –y, con él, el nuevo milenio– sin fanfarrias y bambollas.

¿Qué ocurrirá durante este tercer milenio que estamos estrenando? Los humanos siempre hemos ansiado conocer anticipadamente el futuro, para lo cual hemos recurrido a una variedad casi infinita de procedimientos: la *cartomancia* utiliza los naipes; la

---

1. AGOSTI, Paola, y BORGHESE, Giovanna, *Mi pare un secolo: Ritratti e parole di centosei protagonisti del Novecento,* Torino 1992, p. 2 (cit. en HOBSBAWM, Eric, *Historia del siglo XX,* Crítica, Barcelona 2000[2], p. 12).

quiromancia prefiere las rayas de las manos; la *capnomancia* observa el humo; la *alectomancia* utiliza una piedra que el gallo tiene a veces en su hígado; la *espatulomancia* trabaja con los huesos; etc., etc. Desgraciadamente, ninguno de esos métodos sirve para nada, excepto para que los augures se ganen la vida (lo cual no es poco). Tampoco disponemos de una «máquina del tiempo» –como en aquella conocida fantasía de H.G. Wells[2]– con la que emprender un viaje por el tercer milenio para saber lo que nos espera.

Abandonemos, pues, cualquier esperanza de averiguar anticipadamente el futuro. Colón pudo viajar a América para traer a los europeos noticias de allá; pero nadie podrá nunca «viajar» al futuro para contarnos a continuación lo que vio, porque el futuro –por definición– no existe todavía. En consecuencia, el futuro no se puede «descubrir»; es necesario *construirlo.* Ahora mismo son posibles muchos futuros distintos, y de nosotros depende cuál de ellos acabará haciéndose realidad.

Lo único que podemos hacer en estos momentos es vislumbrar muchos de los retos que deberemos abordar en el nuevo milenio, y es lo que intentaré hacer en estas páginas; desde luego, sin pretender ser exhaustivo, porque conviene que se acaben los libros antes que las ganas de leer. Ya lo dijo Gracián: «Lo bueno, si breve, dos veces bueno; y aun lo malo, si poco, no tan malo»[3].

En la primera parte hablaré de interrogantes y retos comunes a toda la humanidad, que, por lo tanto,

---

2. WELLS, Herbert George, *La máquina del tiempo* (*Obras Completas,* t. 1, Plaza & Janés, Barcelona 1968, pp. 1-105).
3. GRACIÁN, Baltasar, *Oráculo manual y arte de prudencia* (*Obras completas,* BAC, Madrid 1967[3], p. 181).

afectan también a los cristianos, adquiriendo, además, entre nosotros dimensiones específicas. En la segunda parte pasaré revista a los interrogantes y retos que brotan del interior mismo de la Iglesia. El orden de las dos partes es intencionado. No conviene poner en primer plano estos problemas intraeclesiales, porque Jesús de Nazaret dijo: «Buscad primero el reino de Dios y su justicia, y todo lo demás –incluida, por lo tanto, la Iglesia– se os dará por añadidura» (cfr. Mt 6,33)[4].

Se trata de un tema que abordé el 4 de octubre de 1999 en la inauguración de curso de la Universidad Pontificia de Salamanca[5] y que ahora he querido desarrollar con mayor extensión, dirigiéndome a un público más amplio. Espero que despierte el mismo interés que despertó entre mis colegas de las distintas facultades.

---

4. KEHL, Medard, *¿Adónde va la Iglesia?,* Sal Terrae, Santander 1997, p. 122.
5. GONZÁLEZ-CARVAJAL, Luis, *Interrogantes y retos pastorales ante el tercer milenio. Lección inaugural en la solemne apertura del curso académico 1999-2000,* Universidad Pontificia de Salamanca, Salamanca 1999.

PRIMERA PARTE

LOS GRANDES PROBLEMAS DE LA HUMANIDAD

1
La Mundialización

La aldea global

Un fenómeno que ya empieza a hacerse presente en nuestros días y que, sin duda, caracterizará el rostro del nuevo milenio es la mundialización, entendiendo por tal el hecho de vivir en un Planeta cada vez más interconectado e interdependiente. Podríamos afirmar, con palabras de McLuhan, que el mundo se está convirtiendo en una «aldea global»[1]; o, como prefería decir Congar citando a John Wesley, que «el amplio mundo es mi parroquia»[2].

Hasta hace poco tiempo, podía escribirse la historia de España –o la de Alemania, Francia o Portugal: me da igual– sin aludir siquiera a otras naciones, a no ser que éstas hubieran invadido el suelo patrio o nosotros les hubiéramos declarado la guerra. Los llamados libros de «historia universal» se limitaban a yuxtaponer las historias particulares de los distintos pueblos en capítulos sucesivos. Hoy las cosas han cambiado, y quien quiera escribir la historia contemporánea de España necesita hablar del resto de Europa, pasar en seguida a Estados Unidos, saltar des-

1. McLuhan, Marshall, y Powers, Bruce R., *La aldea global*, Gedisa, Barcelona 1990.
2. Congar, Yves, *Amplio mundo, mi parroquia*, Verbo Divino, Estella 1965.

pués a América Latina y aludir a los países de Oriente Medio y a China... Ahora es cuando ha comenzado de verdad la historia universal.

Un factor decisivo de mundialización ha sido el gran desarrollo de los transportes y las comunicaciones. Los hombres, separados unos de otros durante milenios por los accidentes geográficos, se propusieron en las dos últimas centurias unir los espacios que estaban distantes. Recordemos, por ejemplo, lo que han supuesto el Canal de Suez (1869), el ferrocarril transiberiano (1905), los dirigibles Zeppelin (1906), el Canal de Panamá (1914) y, sobre todo, la aviación comercial.

Julio Verne pronosticó en 1872 que pronto podría darse la vuelta al mundo en ochenta días[3]. Aquel viaje, que tanto apasionó a los niños contemporáneos del escritor francés –¿sólo a los niños?–, hace sonreír a los actuales. El recorrido que Magallanes y Elcano realizaron en 1.124 días y Phileas Fogg en ochenta días, hoy lo puede hacer el Concorde en 16 horas.

Espectacular ha sido ha sido también el progreso de las telecomunicaciones. ¡Qué lejos quedan ya aquellos mensajeros que tenían los griegos y los romanos para transmitir noticias de un lugar a otro de sus respectivos imperios! En 1850 se instalaron cables transoceánicos para la transmisión telegráfica, conectando todos los continentes entre sí y aumentando espectacularmente la velocidad de transmisión de las informaciones. Gracias a ellos, en 1871 el resultado del Derby de Londres se conoció en Cal-

---

3. VERNE, Julio, *La vuelta al mundo en ochenta días* (*Obras Selectas*, t. 2, Plaza & Janés, Barcelona 1984[10], pp. 1.415-1.629).

cuta sólo cinco minutos más tarde. A partir de 1956 empezaron a instalarse igualmente cables telefónicos transoceánicos. En nuestros días, *Internet* se ha convertido en un eficaz instrumento de mundialización; con este invento, relativamente barato y fácil de utilizar, podemos leer en España el «Washington Post» en cuanto sale a la calle, y los norteamericanos pueden leer «El País» antes incluso que nosotros (debido a la diferencia horaria).

Naturalmente, las modernas comunicaciones habrían servido de poco si no fuera posible romper también las barreras idiomáticas. En 1887 lo intentó el médico polaco Lejzer Ludwik Zamenhof con el esperanto, que no llegó a cuajar. Sin embargo, el estudio cada vez más frecuente de las lenguas extranjeras está permitiendo estrechar los lazos de unos pueblos con otros. Que uno pueda prácticamente recorrer el mundo hablando inglés es prueba de ello.

El estudio de las lenguas extranjeras, por otra parte, no posibilita sólo el encuentro físico entre los pueblos, sino también su acercamiento afectivo, como ya observó Bergson en 1932. Hemos «interpuesto –decía– entre los extranjeros y nosotros un velo, hábilmente tejido, de ignorancias, prevenciones y prejuicios». La experiencia dice, sin embargo, que, «si un perfecto conocimiento recíproco no es necesariamente simpatía, al menos excluye el odio (...) El que conoce a fondo la lengua y la literatura de un pueblo no puede ser completamente su enemigo. Se deberá tener esto en cuenta cuando se pide a la educación que prepare una inteligencia entre las naciones»[4].

---

4. BERGSON, Henri, *Las dos fuentes de la moral y de la religión*, Porrúa, México 1990, pp. 164-165.

Sigamos adelante. También la economía se ha globalizado hasta límites impensables. En esto no queremos entrar por el momento –será objeto del próximo capítulo–, pero quien haya viajado mucho constatará que las mismas marcas de cigarrillos o de gasolina, las zapatillas deportivas Nike, la Coca-Cola, McDonalds, Pizza Hut, IBM, etc. se encuentran en todas partes, lo que indica que se da una fuerte generalización de los patrones de consumo en el mundo entero, al menos entre las personas que tienen cierto poder adquisitivo (los pobres –como dice Luis de Sebastián– «están menos globalizados que los demás»[5]).

Pienso que, si la facilidad de desplazamientos por nuestro Planeta ha influido mucho en el último siglo para comprender que todos pertenecemos al mismo mundo, en el tercer milenio tendrán todavía más influencia los desplazamientos fuera del Planeta. El astronauta J.P. Allen, observó con aguda intuición: «Se habían discutido mucho los pros y los contras relativos a los viajes a la luna; no he oído que nadie arguyese que debíamos ir a la luna para poder ver la Tierra desde allí. Y, sin embargo, ésa fue seguramente la verdadera razón de que hayamos ido a la luna»[6]. Otro astronauta, Gene Cernan, decía: «Desde allá arriba no se distinguen las barreras del color de la piel, de la religión y de la política que allá abajo dividen al mundo». Todo está unificado en el único planeta Tierra. «El primer y el segundo día apuntába-

5. SEBASTIÁN, Luis de, «La mundialización económica», en (CRISTIANISME I JUSTÍCIA) *¿Mundialización o conquista?,* Sal Terrae, Santander 1999, p. 79.
6. Cit. en DOWD, M., *Earthspirit. A Handbook for Nurturing an Ecological Christianity,* Twenty-Third, Connecticut 1990, p. 100.

mos hacia nuestro país, el tercero y cuarto hacia nuestro continente; después del quinto día ya sólo tuvimos conciencia de la Tierra como un todo», comentaba el astronauta Salman al-Saud[7].

Luces y sombras de un proceso

Estamos ante un fenómeno nuevo. «La idea de que todos los pueblos del mundo forman una humanidad única no es, ciertamente, consustancial al género humano. Es más, lo que durante mucho tiempo ha distinguido a los hombres de las demás especies animales es precisamente que *no se reconocían unos a otros*»[8]. Durante decenas de milenios parecía como si las fronteras de la humanidad coincidieran con las de la propia tribu, del grupo lingüístico, a veces incluso del poblado; hasta el punto de que muchos pueblos primitivos se designaban a sí mismos como «los hombres», mientras daban nombres de animales a los habitantes de los demás pueblos[9]. El mismo Platón hablaba con gran respeto de Zeus ἑρκεῖος (*herkeîos*), protector de las líneas fronterizas, y calificaba de «divinas» las fronteras entre estados, «que delimitan la amistad y el odio»[10].

En cambio, el Dios de la Biblia proclama: «Regla suprema de generación en generación: Delante del Señor, vosotros y los extranjeros sois iguales» (Num 15,15). Como dice muy bien Finkielkraut, «el Dios único descubre a los hombres la unidad del género

7. *Ibidem,* p. 95.
8. FINKIELKRAUT, Alain, *La humanidad perdida. Ensayo sobre el siglo XX,* Anagrama, Barcelona 1998, p. 13.
9. *Ibidem,* p. 14.
10. PLATÓN, *Las leyes,* lib. 8, núm. 842 (*Obras completas,* Aguilar, Madrid 1972[2], p. 1.425).

humano»[11]. Esto lo supieron siempre los buenos cristianos. Erasmo de Rotterdam, por ejemplo, escribió: «Desde tiempos remotos, el Rhin separa a los franceses de los alemanes, pero no puede separar a un cristiano de otro cristiano»[12].

Así, pues, como cristianos debemos alegrarnos de que el mundo se esté convirtiendo en una aldea global. No olvidemos que, además de cristianos, nos llamamos «católicos», y καθολικός (*katholikós*) significa «universal». Esa etimología permitió decir muy acertadamente a Juan XXIII que «todo católico, *en cuanto tal,* es y debe considerarse verdaderamente ciudadano del mundo entero»[13].

Naturalmente, sentirnos ciudadanos del mundo[14] no implica disolver las identidades más pequeñas, porque sin ellas el hombre no puede vivir. Como observó Robert Paul Wolf, «resulta desastroso debilitar los vínculos primarios, aunque sea en nombre de la fraternidad [universal]. Hacer esto es exponerse a los males del "hombre-masa", el desarraigado, el miembro anónimo de la muchedumbre solitaria»[15]. Pero implica sentir, como aquel personaje de Terencio, que ahora ya «nada de lo humano puede resultarme ajeno»[16].

---

11. FINKIELKRAUT, Alain, *op. cit.,* p. 15.
12. ERASMO DE ROTTERDAM, *Querella de la paz* (*Obras escogidas*, Aguilar, Madrid 1964², p. 988). He modificado ligeramente la traducción.
13. JUAN XXIII, «Discurso en la festividad de Pentecostés de 1960»: *Ecclesia* 988 (18 de junio de 1960) 782. La cursiva es mía.
14. Cfr. CORTINA, Adela, *Ciudadanos del mundo*, Alianza, Madrid 1997.
15. WOLFF, Robert Paul, MOORE, Barrington, y MARCUSE, Herbert, *Crítica de la tolerancia pura,* Editora Nacional, Madrid 1969, p. 26.
16. TERENCIO, *El verdugo de sí mismo* (*Comedias,* Iberia, Barcelona 1953, p. 75).

El Concilio Vaticano II lo dijo muy bien: «Cultiven los ciudadanos con magnanimidad y lealtad el amor a la patria, pero sin estrechez de espíritu, de suerte que miren siempre al mismo tiempo por el bien de toda la familia humana, unida por toda clase de vínculos entre las razas, pueblos y naciones»[17].

Empieza a haber signos prometedores de esta conciencia de corresponsabilidad por el bien de toda la familia humana. Los crímenes contra la humanidad, por ejemplo, ya no pueden encerrarse en las jurisdicciones nacionales y, mientras se crea el Tribunal Penal Internacional, los persiguen jueces de otros países. El mismo Juan Pablo II ha dicho: «La conciencia de la humanidad, apoyada por las disposiciones de derecho internacional humanitario, pide que sea obligatoria la injerencia humanitaria en las situaciones que comprometan gravemente la supervivencia de pueblos y de grupos étnicos enteros; éste es un deber para las naciones y la comunidad internacional»[18]. Respondiendo a esa preocupación universal se ha generalizado en estos últimos años el fenómeno del «sinfronterismo»[19]: médicos «sin fronteras», farmacéuticos «sin fronteras», ingenieros «sin fronteras» y hasta bomberos y payasos «sin fronteras».

¿Estará quizás a punto de hacerse realidad aquel sueño que Teilhard de Chardin tuvo hace ya casi

---

17. CONCILIO VATICANO II, *Gaudium et Spes,* 75 d (*Concilio Vaticano II. Constituciones. Decretos. Declaraciones. Legislación posconciliar,* BAC, Madrid 1970[7], p. 382).
18. JUAN PABLO II, «Discurso a la Conferencia Internacional sobre la Alimentación», núm. 3: *Ecclesia* 2.613 (2 de enero de 1993) 26.
19. La expresión es de DOMINGO MORATALLA, Agustín, *Ética y voluntariado. Una solidaridad sin fronteras,* PPC, Madrid 1997, p. 125.

ochenta años: «Apretados unos contra otros por el crecimiento de su número y la multiplicación de sus relaciones –estrechados entre sí por el despertar de una fuerza común y el sentimiento de una común angustia–, los Hombres del futuro ya no formarán, de algún modo, más que una conciencia»[20]?

No debemos dejarnos llevar demasiado por el entusiasmo. El proceso de unificación mundial, hasta el momento, está muy lejos de haber creado en nuestro Planeta la atmósfera característica de una comunidad, pueblo o villa planetaria. Alguien ha dicho que la famosa «aldea global» de McLuhan es más bien un «cortijo global», con su «señorito» (Estados Unidos), sus «capataces» (los países del Norte) y un montón de «jornaleros» (los restantes países).

Hoy por hoy, «mundialización» equivale en la práctica a «americanización» del mundo. Lo han denunciado muchos observadores[21]; a veces de forma muy gráfica: «Globalizar –decía Francisco Umbral– es simplificar el mundo, reducirlo a un idioma, una moneda y un pecado. Globalizar no es extender el mapa de los pueblos, sino cortarnos las ideas al cero, como el pelo. Globalización, pensamiento único, latido unánime del dólar»[22].

Un ejemplo paradigmático lo encontramos en el ámbito de los medios de comunicación social.

20. TEILHARD DE CHARDIN, Pierre, *Ser más,* Taurus, Madrid 1974², p. 107.
21. Cfr. por ejemplo, TOURAINE, Alain, «La globalización como ideología»: *El País* (29 de septiembre de 1996); DANIEL, J., «Lo que de verdad está en juego en 1997»: *El País* (5 de enero de 1997); FITOUSSI, J. P., «La globalización y las desigualdades»: *Sistema* 150 (1998) 3-13; RAMONET, Ignacio, «Hacia un nuevo orden mundial»: *El País* (4 de junio de 1999).
22. UMBRAL, Francisco, «La globalización»: *El Mundo* (24 de mayo de 2000) 76.

Cuatro grandes agencias de prensa controlan hoy el 95% de la información de todo el Planeta. En cuanto a las comunicaciones audio-visuales, es sabido que las cadenas de televisión de todo el mundo se alimentan básicamente de las mismas grandes productoras y distribuidoras. Casi todos los habitantes de la Tierra vemos en la pantalla las mismas imágenes, interrumpidas por los mismos anuncios de los mismos productos.

Cuando en un arco de piedra milenaria, que durante siglos estuvo dedicado a cantar la sabiduría de Confucio, vemos hoy un anuncio de Coca-Cola, es inevitable pensar que algo funciona mal. Se está repitiendo una antiquísima experiencia que ya denunció el historiador griego Tucídides: «Los fuertes hacen lo que está en su poder, y los débiles aceptan su destino»[23].

En los próximos capítulos pasaremos revista a unas cuantas ambigüedades de la aldea global que entrañan otros tantos retos para los creyentes.

---

23. Cit. en GAAY FORTMAN, Bas de, y KLEIN GOLDEWIJK, Berma Klein, *Dios y las cosas. La economía global desde una perspectiva de civilización,* Sal Terrae, Santander 1999, p. 25.

2
El reto del capitalismo global

Descripción de un fenómeno nuevo

«Mundialización» y «globalización» son dos términos que algunos emplean como sinónimos. Otros –entre los que me incluyo– designan con el término «mundialización» la paulatina unificación del planeta Tierra, de la que hablamos en el capítulo anterior, y reservan el término «globalización» para los aspectos económicos de la mundialización.

Empecemos diciendo que –nos guste o no– «globalización» significa, en la práctica, «capitalismo global». Hoy no hay duda, en efecto, de que existe un solo sistema económico en el mundo, dado que los últimos regímenes comunistas que todavía subsisten (China o Cuba) se hallan en plena transición al capitalismo, igual que ocurre con los PECO (Países de Europa Central y Oriental).

Es difícil indicar con precisión cuando nació el capitalismo global. ¿Fue en 1989, tras el hundimiento del imperio soviético? ¿Quizás hacia 1980, cuando Margaret Thatcher y Ronald Reagan llegaron al poder? ¿O antes todavía?

Internacionalización del comercio

Cronológicamente, el primer paso hacia la globalización fue la *internacionalización del comercio.*

Quedan muy lejos los tiempos en que San Benito quiso que sus monasterios fueran económicamente autosuficientes, teniendo en su recinto desde huertas y granjas para alimentarse hasta talleres donde fabricar los vasos sagrados. En nuestros días no sólo los monasterios, sino incluso los mismos Estados nacionales, se han visto obligados a renunciar a los sueños de autarquía.

Desde luego, la economía occidental conoce hace mucho –por lo menos desde el siglo XVI– a esos vendedores que iban y venían de un país a otro. Los franceses los llamaban «pies polvorientos» (*pieds poudreux*). Eran unos buhoneros vagabundos que proporcionaban desde las especias más codiciadas hasta reliquias «garantizadas» de la mayor devoción. Pero el comercio internacional hoy no está limitado, como entonces, al canje de artículos de lujo y a empresas ocasionales de individuos aventureros. Incluso la aldea más aislada en los Picos de Europa recibe actualmente mercancías de todos los lugares del mundo.

Esta internacionalización del comercio llegó a cierta madurez hace ya cien años. Si es correcta la reconstrucción realizada por Maddison de las estadísticas de importaciones y exportaciones de las principales economías de mercado desde finales del siglo XIX[1], países como Francia, Holanda o Gran Bretaña tenían hace cien años una tasa de apertura similar, cuando no superior, a la del final de nuestros años ochenta. Naturalmente, en términos absolutos hay más intercambios ahora que entonces, porque los países tienen un PIB mucho más elevado; pero el porcentaje de PIB que intercambiaban entonces era igual o incluso superior al actual.

---

1. MADDISON, Angus, *Historia del desarrollo capitalista. Sus fuerzas dinámicas,* Ariel, Barcelona 1994.

Es seguro, por otra parte, que la progresiva eliminación de los aranceles aduaneros acordada en la Ronda Uruguay, que empezó a aplicarse el 1 de enero de 1995, aumentará ese porcentaje cada vez más. La Organización Mundial del Comercio (OMC), heredera del Antiguo GATT[2], también parece empeñada en eliminar cualquier tipo de trabas al comercio de mercancías, negando a los 134 Estados miembros el derecho a penalizar los productos procedentes, por ejemplo, de países donde no se respetan unos mínimos derechos de los trabajadores.

Internacionalización de la producción

Tras la internacionalización del comercio vino la *internacionalización de la producción.* Ya no es sólo que los productos finales se vendan en un país distinto del que los produjo, sino que se ha internacionalizado el proceso mismo de fabricación. Hoy cualquier producto que posea una complejidad mínima ya no se fabrica, como en el pasado, de principio a fin en un determinado país, sino que combina componentes producidos en varios países, dando así lugar a lo que se ha llamado la «gran fábrica mundial». Esto ha sido posible gracias a las nuevas tecnologías de transporte –trenes de más de 10.000 toneladas, barcos capaces de transportar 7.000 contenedores–, que convierten en irrelevante el costo del transporte por unidad de mercancía transportada.

Un automóvil Ford Mondeo, por ejemplo, se compone de piezas fabricadas en 112 lugares distintos, distribuidos por 16 países y 3 continentes. De he-

2. *General Agreement on Tariffs and Trade* (Acuerdo General sobre Tarifas aduaneras y Comercio).

cho, las grandes empresas –llamadas «multinacionales» o «transnacionales»– ya no están ubicadas en un solo país, sino que han creado una red de unidades de producción distribuidas por el mundo entero.

El fenómeno de las empresas multinacionales ha dejado de ser algo exclusivo de Estados Unidos: ahora son empresas de todos los países avanzados, incluida España, las que diversifican sus inversiones por todo el mundo. Además, son cada vez más empresas sin patria. La Nestlé actual, por ejemplo, se parece muy poco a la empresa suiza fundada por Henry Nestlé en 1867: de sus diez máximos directivos, sólo dos son suizos; los otros ocho pertenecen a cinco nacionalidades diferentes; el presidente es alemán; la empresa está establecida en 150 países, y el volumen de negocio realizado en el país que la vio nacer representa una pequeñísima parte del conjunto.

Lo dicho hasta este momento lo sabía ya cualquiera que tenga los ojos abiertos. «Cada día que pasa observamos una mayor proporción de productos diseñados, en principio, para todo el mundo, fabricados en instalaciones repartidas por todo el globo, con proveedores que pueden situarse en los más diferentes países, en competencia directa con empresas de cualquier parte del mundo y en un entorno sociopolítico y económico cada vez más global»[3]. Las preguntas clásicas que encontramos en cualquier manual de economía –qué producir, cómo hacerlo, con qué proveedores, para qué mercados– se formulan hoy a escala mundial y pensando en términos de estrategia global.

---

3. PULIDO SAN ROMÁN, Antonio, *Claves de la economía mundial y española,* Pirámide, Madrid 1997, p. 13.

Internacionalización de los capitales

Sin embargo, el rasgo más propio del sistema capitalista global no es ni la internacionalización del comercio ni la internacionalización de la producción, sino otro que vamos a ver a continuación: la *internacionalización de los capitales.*

Hasta hace poco tiempo, los movimientos de capitales de unos países a otros eran escasos. Estaban ligados exclusivamente a la economía real –comercio, turismo e inversiones a largo plazo– y, además, estaban sometidos a un estricto control de la autoridad política. Desde 1972, la desaparición del sistema de cambios fijos, establecido treinta años antes en Bretton Woods, y la eliminación de controles auspiciada por los neoliberales han originado una enorme movilidad del capital financiero de tipo especulativo, responsable por cierto de una inestabilidad económica sin precedentes. Se estima que el volumen de las transacciones en los mercados financieros sobrepasa ya el billón y medio de dólares diarios, y además ha cambiado de naturaleza: si hace treinta años el 90% de los intercambios estaba ligado a la economía real, ahora se trata sobre todo de flujos especulativos a muy corto plazo; a menudo, menos de un día. De hecho, hoy se gana más en el mercado financiero y monetario que invirtiendo en la producción de bienes y servicios. El grupo multinacional Siemens, por ejemplo, obtiene el 70% de sus beneficios en los mercados financieros, y sólo el 30% de la producción.

Así, no debe extrañarnos que verdaderas avalanchas de capital entren o salgan de los países continuamente. Las innovaciones tecnológicas en las telecomunicaciones y en la informática permiten hacer operaciones financieras en tiempo real durante las veinticuatro horas del día. En este momento, por ejemplo, puede haber veinte mil millones de dólares en Hong Kong; pulsando una tecla en una consola de ordenador, un minuto después se encuentran en Nueva York y, pulsando otra tecla, al minuto siguiente se han cambiado por marcos en Frankfurt. Son los llamados «capitales golondrina», que vuelan continuamente de unos países a otros. Unas palabras escritas por Pío XI en 1931 tienen hoy todavía más actualidad que entonces: para el capital, «la patria está donde se está bien»[4]. No hace falta decir que, cuando se trata de las cantidades inmensas que manejan los inversores institucionales (gestores de fondos de inversión, fondos de pensiones, seguros, etc.), en el corto espacio de tiempo que transcurre desde que entran en un país hasta que salen de él pueden modificar drásticamente su coyuntura económica.

Una economía sin fronteras

Vemos, pues, que el escenario económico por excelencia, a todos los efectos, ya no es el espacio na-cional, sino el espacio mundial. Prácticamente se han acabado ya los negocios propios, los mercados cautivos o los productos locales. Lo que hoy estamos fabricando en cien, mañana puede traerlo aquí un competidor, de no se sabe dónde, a tan sólo diez. Tenemos que decidir y tener claro qué fabricar, dónde hacerlo, con qué proveedores, para qué mercados irá destinado..., y todo esto a escala mundial.

Lo que llamamos *globalización* es, en definitiva, esa compleja red de intercambios y vínculos econó-

4. PÍO XI, *Quadragesimo Anno,* 109 (*Once grandes mensajes,* BAC, Madrid 1992[14], p. 102).

micos que, sobrevolando por encima de las fronteras nacionales, hacen que los individuos que viven en un determinado punto del Planeta padezcan las consecuencias de unas decisiones tomadas muy lejos de ellos.

Un refrán muy conocido en el mundo de la economía dice que «cuando Wall Street se resfría, el resto del mundo contrae una neumonía». Así es, en efecto. El poder adquisitivo de las pesetas que gana un jornalero en cualquier aldea española depende de lo que ocurre en la Bolsa de Nueva York o en la de Tokyo; el precio de la gasolina que encontramos en la estación de servicio que hay junto a nuestra casa depende de que Arabia Saudí aumente o no su producción de petróleo; una declaración imprudente de un ministro tarda unos pocos minutos (10 ó 20 como mucho) en tener repercusiones en todos los mercados del mundo que estén abiertos en ese momento; etc., etc.

Si hubiera que resumir en pocas palabras lo que supone la globalización, me quedaría con la siguiente proposición: «el porvenir de cada uno de nosotros se fabrica a escala del mundo»[5].

Ventajas e inconvenientes de la globalización

Como acabamos de ver, la globalización es un hecho incuestionable. Los neoliberales, que son sus grandes valedores, la presentan además como *un ideal* que debe potenciarse a cualquier precio. El llamado

5. CHAVES, Jorge Arturo, «Globalización, ética y cultura: ¿nuevos cimientos para la economía?» en (VV.AA.) *Transformación cultural, economía y evangelio,* San Esteban, Salamanca 1999, p. 84).

«pensamiento único» tacha de «políticos reaccionarios e intelectuales jurásicos» a los críticos de la globalización. Mucho me temo que yo incurriré en ese juicio tan poco halagüeño.

Mayor creación de riqueza

Desde luego, sería absurdo negar que la globalización puede tener no pocas consecuencias positivas. La eliminación de barreras y el fomento de los intercambios a todos los niveles es, en principio, enriquecedor. Según la teoría de las ventajas comparativas, especializándose cada país en aquellos productos que pueda producir en mejores condiciones, e intercambiando después sus excedentes con los de otros países que actuaron de igual forma, se obtiene mayor riqueza que si cada país pretendiera producir por sí mismo todo lo que necesita.

Además, la competencia económica estimula la creatividad y es una eficaz medicina contra la resistencia al cambio y a la innovación. Todos recordamos, por ejemplo, los perversos efectos que en el pasado tuvo para la economía española el elevado proteccionismo. Protegidas de la competencia exterior, «las malas empresas hacían buenos negocios»[6] y, en consecuencia, no sentían la necesidad de renovarse.

Concentración del poder económico

Si la globalización está permitiendo crear más riqueza, no podemos ignorar que está distribuyéndola mucho peor. En las últimas décadas se ha ensancha-

6. SEVILLA SEGURA, José V., *Economía política de la crisis española,* Crítica, Barcelona 1985, p. 10.

do muchísimo la brecha existente entre los países ricos y los países pobres. Según el Programa de las Naciones Unidas para el Desarrollo (*Informe mundial sobre el desarrollo humano 1998*), en 1960 el 20% de la población mundial residente en los países más ricos tenía una renta 30 veces mayor que la del 20% de los más pobres; en 1995 su renta era ya 82 veces mayor.

No debe extrañarnos. Cuando la globalización se produce en el ámbito de un mundo tan desigual como el nuestro, aumentan las desigualdades, porque los recursos de todo tipo tienden a desplazarse hacia los países donde presumiblemente se obtendrá mayor rentabilidad, provocando la *exclusión* de los demás, como es el caso de gran parte de África.

Cuando pronunciamos la palabra «exclusión», significa que en nuestro mundo hay países y regiones con los que nadie cuenta ya para nada; ni siquiera para explotarlos. No estoy exagerando un ápice. El África Subsahariana es prácticamente inexistente para el sistema económico planetario: sólo unos pocos países de esa región, y sólo de tarde en tarde, aparecen en las estadísticas sobre los países pobres que publica semanalmente el periódico económico más influyente del mundo, *The Economist.* Es una región sin interés para los agentes económicos. Entre tanto, la gente allí se muere prematuramente, porque, «al parecer, la dignidad de la vida humana no estaba prevista en el plan de globalización». Son palabras de Ernesto Sabato[7].

Todavía hemos de ver más cosas, pero de momento el balance de la globalización podríamos resumir-

7. SABATO, Ernesto, *Antes del fin,* Seix Barral, Barcelona 1999[5], p. 109.

lo así: «Aunque en términos globales las ganancias serán mucho mayores que las pérdidas, éstas se concentran en un grupo de países que son los que menos se las pueden permitir por su ya precaria situación. Para los países pobres, las pérdidas originadas por la globalización superan a las ganancias»[8].

La misma lógica que provoca la exclusión de países enteros del mercado globalizado provoca la desaparición de millones y millones de empresas, con los dramas humanos que siempre acarrea la quiebra de cada una de ellas. A la larga, sólo pueden sobrevivir las de dimensiones no sólo grandes, sino grandísimas. Por eso en 1998 se fusionaron en el mundo alrededor de 24.000 empresas. Poco importa que esa ola de fusiones redunde en monopolios o «sólo» en oligopolios. Tanto lo uno como lo otro significa el fin de la libre competencia. Microsoft, por ejemplo, con una cuota del 90% del mercado mundial, es prácticamente todopoderosa en su rama y, con sus conocidas prácticas monopolísticas, va haciendo desaparecer poco a poco productos de la competencia objetivamente mejores que los suyos. Cosas parecidas están ocurriendo en otros muchos sectores. Hace 25 años había siete empresas que fabricaban aviones comerciales de más de cien plazas; hoy sólo quedan dos: Boeing y Airbus.

Bastantes empresas multinacionales son ya más poderosas económicamente que la mayoría de los Estados del mundo. De hecho, la mitad de las cien mayores economías del mundo no son Estados nacionales, sino empresas transnacionales.

---

8. PARRILLA FERNÁNDEZ, José Manuel, «La globalización: oportunidades y amenazas para los pueblos pobres. La perspectiva del Programa de las Naciones Unidas para el Desarrollo»: *Sociedad y Utopía* 12 (1998) 144.

El Programa de las Naciones Unidas para el Desarrollo, en el capítulo 4 de su *Informe de Desarrollo Humano 1997,* compara varias empresas transnacionales con una muestra de Estados elegidos entre los que tienen relativa solidez económica dentro de su región geográfica; aun así, el poder económico de las empresas mencionadas (que no siempre son de las más grandes) es mayor que el de dichos Estados:

COMPARACIÓN ENTRE EL VOLUMEN DE VENTAS DE LAS EMPRESAS TRANSNACIONALES Y EL **PIB** DE LOS PAÍSES SELECCIONADOS
(en miles de millones de dólares, 1996)

Empresa transnacional	**Volumen de ventas**	**País**	**PIB**
General Motors	168,8	Turquía	149,8
Ford	137,1	Sudáfrica	123,3
IBM	68,5	Venezuela	59,0
Nestlé	47,8	Egipto	43,9

Como es lógico, esas grandes empresas están en condiciones de dictar a los Estados la política económica que deben seguir. El hecho de que cada parte del proceso productivo pueda realizarse en el país que más beneficios genere para la Empresa obliga a los gobiernos a conceder cada vez más ventajas fiscales y laborales a las grandes empresas para retenerlas en sus territorios.

Pulido San Román lo explicaba de forma muy expresiva: «Yo no creo que los japoneses de Suzuki, ni los alemanes de Volkswagen, ni tan siquiera los kuwaitíes de KIO, nos quieran mal, sean unos aprovechados o se hayan hartado de nosotros y nuestras instituciones. Simplemente, echando cuentas, han llegado a la conclusión de que, en su estrategia mundial, ciertas fábricas o actividades no resultan ahora rentables en nuestro país. ¡Así de simple y así de complicado!

»Podemos, por nuestra parte, dolernos de nuestra ingenuidad al creer que, cuando dimos el sí, era un matrimonio para toda la vida. Podemos incluso considerarnos injustamente tratados, dada la cuantía de la dote, en forma tanto de ayudas oficiales a la instalación como a los resultados obtenidos en los años de vacas gordas. Pero cuanto antes nos caigamos del guindo de las afrentas morales y toquemos el duro suelo de las decisiones empresariales multinacionales o globales, más posibilidades tendremos de evitar otras muchas situaciones similares en el futuro»[9].

Debilitamiento del trabajo frente al capital

La globalización también debilita el poder de los trabajadores frente al capital. Veamos lo que está ocurriendo:

En las últimas décadas, el tipo impositivo sobre los beneficios del capital se ha reducido en todas partes, mientras que el gravamen sobre las rentas del trabajo y sobre el consumo tiende a subir o, al menos, baja en menor proporción. La explicación es muy sencilla: la Hacienda pública sabe que la movilidad de los trabajadores es muchísimo menor que la del capital. Los trabajadores están a merced del recaudador y pueden ser exprimidos más fácilmente, mientras que los capitales, si no les tratan bien, pueden

9. PULIDO SAN ROMÁN, Antonio, «Solo en casa»: *Gaceta de los Negocios* (5-6 de marzo de 1994).

emigrar a los paraísos fiscales. Citemos como ejemplo el caso de Gibraltar: más de cien mil inversores lo utilizan ya para sustraer su capital a la fiscalidad.

En segundo lugar, la globalización hace que las empresas deban competir con productos fabricados en países que practican el llamado «dumping social». Se llama «dumping» al abaratamiento anormal de los precios, principalmente en el extranjero, con el fin de destruir la competencia. Puede hacerse subvencionando las exportaciones para vender en el exterior más barato que en el interior o, como en el caso del «dumping social», sometiendo a los trabajadores a unas condiciones de auténtica explotación para reducir los costes de producción. En el país adonde llegan las mercancías objeto de dumping resultan beneficiados los consumidores, y perjudicados los productores. A veces éstos –sobre todo si se trata de empresas pequeñas– se ven obligados a frenar las reivindicaciones salariales simplemente para poder sobrevivir.

En tercer lugar, si hace tres o cuatro décadas las empresas tenían interés en remunerar mejor a los trabajadores para estimular las ventas –recordemos aquello de Henry Ford: «Yo prefiero pagar bien a mis obreros para que puedan comprar mis coches»[10]–, en una economía globalizada los empresarios tienen motivos para sospechar que subir los salarios servirá seguramente para aumentar las ventas... de empresas extranjeras. Por lo tanto, tampoco vistas las cosas desde esta perspectiva interesa ya a la empresa pagar salarios elevados.

---

10. FORD, Henry, *Hoy y mañana,* Aguilar, Madrid 1931, pp. 180 y 183.

Deterioro ecológico

La existencia de un mercado global sin ningún tipo de regulaciones alimenta en los Estados medidas de competencia egoístas y destructivas. Una de las más frecuentes, a la que sucumben especialmente los países pobres, es no obligar a las empresas establecidas en el país a respetar el medio ambiente.

Pero, aunque ningún país estuviera sometido a esas presiones del poder económico, la división internacional del trabajo tiene por sí misma un coste ecológico. Cuanto mayor es la distancia entre el lugar de producción y el de consumo, más medios de transporte hacen falta, más cantidad de energía (casi siempre no renovable) se consume y más gases responsables del efecto invernadero se producen. La producción masiva central es, por naturaleza, más destructiva ecológicamente que la producción y distribución local. Por eso Keynes confesó una vez: «Siento simpatía por quienes quieren minimizar, en lugar de maximizar, la imbricación económica entre las naciones. Las ideas, el conocimiento, el arte, la hospitalidad, los viajes, son cuestiones internacionales por naturaleza. Pero que las mercancías sean de fabricación nacional siempre que sea posible y cómodo»[11].

Es conveniente fijarse en la última frase: «siempre que sea posible y cómodo». No se trata de suspirar de nuevo por una imposible autarquía. Ya hemos visto que la división internacional del trabajo aumenta la producción global; pero, dado que no lo hace sin costos, quizá también aquí la virtud debería huir de los extremos.

---

11. Cit. en CASSEN, Bernard, «Inventar colectivamente un "proteccionismo altruista"»: *Le Monde Diplomatique* 52 (febrero 2000) 14.

Inestabilidad e inseguridad

Los espacios económicos grandes son más vulnerables a la propagación de las crisis que los pequeños, como puso de manifiesto recientemente la crisis del Sudeste asiático, extendida de unos países a otros como un reguero de pólvora[12]. Cuando los mercados de Tailandia enfermaron en julio de 1997, se contagiaron en el acto los de Malasia y los de Indonesia; les siguió muy pronto Japón, repercutió en China, se desequilibró la economía rusa, y quedó alterada la estabilidad económica de América Latina, Europa y Estados Unidos.

El economista jefe del Banco Mundial, Joseph Stiglitz, no tuvo reparo en reconocer que «la crisis no habría llegado si no se hubiera producido una liberalización de las operaciones del capital financiero sobre estas economías»[13]. De esta forma pudimos ver algo impensable unos meses atrás: hasta los dos grandes diarios económicos de carácter ultraliberal, *Financial Times* y *The Wall Street Journal,* reclamaron explícitamente un «control de los movimientos de capitales», que «podría ser, en ciertos casos y bajo ciertas condiciones, una de las soluciones menos malas»[14]. Y el más conocido especulador internacional de divisas, George Soros, se manifestó en los mismos términos, reclamando de los gobiernos urgentes regulaciones internacionales de los mercados financieros: «La fuente principal de inestabilidad –dijo– se encuentra en el propio sistema financiero

12. Cfr. DAHRENDORF, Ralph, «Una lección asiática»: *El País* (5 de diciembre de 1997) 15.
13. *Le Monde* (19 de mayo de 1998).
14. *Financial Times* (1 de septiembre de 1998); *The Wall Street Journal* (4 de septiembre de 1998).

internacional»[15]. «Si mi opinión es válida, el papel que los mercados financieros desempeñan en el mundo debe ser radicalmente reconsiderado»[16]. Refiriéndose a esa crisis del sudeste asiático –que estalló precisamente mientras escribía su libro *La crisis del capitalismo global*–, el gran especulador de divisas hace incluso la siguiente predicción: «No tengo ninguna duda al afirmar que el sistema capitalista global sucumbirá a sus defectos, si no en esta ocasión, en la siguiente, a menos que reconozcamos que tiene defectos y actuemos a tiempo para corregir las deficiencias»[17]. «Lo que predigo es la desintegración inminente del sistema capitalista global»[18].

Necesidad de regular la globalización

Afortunadamente, el coro que canta las excelencias del capitalismo global no es unánime. También se oyen voces discordantes. Pondremos un ejemplo tan sólo, procedente nada menos de quien era entonces Director General del Fondo Monetario Internacional, Michel Camdessus. Él hizo públicamente esta pregunta: «¿De qué sirve la globalización si se limita a ser un vehículo para cínicos que quieren sustraerse a las normas de la ley y de la moral?»[19].

---

15. SOROS, George, *La crisis del capitalismo global,* Debate, Madrid 1998, p. 173.
16. *Ibidem,* p. 168.
17. *Ibidem,* p. 165.
18. *Ibidem,* p. 134.
19. CAMDESSUS, Michel, *Referat auf der Tagung «Economic Growth for What Kind of Future»?,* Roma, 30-11 a 2-12 de 1995 (cit. en KÜNG, Hans, *Una ética mundial para la economía y la política,* Trotta, Madrid 1999, p. 269). Recientemente Michel Camdessus ha sido elegido por Juan Pablo II miembro de la Comisión Pontificia «Justicia y Paz».

En mi opinión, la mayor parte de los problemas que acabamos de ver no se deben tanto a la globalización en sí misma como a la ausencia de cualquier tipo de regulación. Globalización sin regulaciones no significa sólo que los mercados son importantes, ni siquiera que existe ya un mercado mundial, sino que el mundo entero ha tomado la forma de un mercado. Y el mercado, como dijo muy bien Lionel Jospin, «produce riqueza, pero no solidaridad»[20].

La globalización no tiene por qué ser como actualmente es; *no es un fenómeno natural,* como el avance de una borrasca, frente al que nada puede hacerse. Creemos que *la globalización regulada puede ser beneficiosa; con los actuales criterios neoliberales es peligrosísima,* «una especie de tren sin frenos que arrolla cuanto encuentra a su paso»[21].

Pensemos, por ejemplo, en la crisis del Estado de bienestar. Es la globalización establecida con criterios neoliberales la que presiona en su contra. En cambio, un control político de la globalización permitiría todo lo contrario: generalizar los beneficios sociales en todo el mundo, eliminándolos como factor competitivo.

Como es sabido, el discurso neoliberal defiende apasionadamente que las ventajas de la globalización serán tanto mayores cuanto mayor sea la libertad de todos los agentes económicos en el escenario mundial. Debemos denunciar que no estamos ante un discurso inocente. Mientras el llamado «pensamiento único» propugna una absoluta libertad para que los capitales vayan de un país a otro en busca de oportunidades de inversión más rentables, niega a los seres

20. *El País* (31 de agosto de 1998) 43.
21. KÜNG, Hans, *op. cit.,* p. 267.

humanos el derecho a buscar oportunidades de trabajo y mejores condiciones de vida fuera de su país. Esto no es serio. Una de dos: o bien se siguen cantando las excelencias de la libertad (pero, en tal caso, que no se refiera sólo a la libertad de quienes quieren llevar sus capitales de un país a otro, sino también a la libertad de los trabajadores para fijar su residencia donde quieran), o bien se admite la necesidad de regularlo todo: tanto las corrientes migratorias como el movimiento de capitales, bienes y servicios.

Como ha dicho Bernard Cassen, si fueran coherentes, la Organización Mundial del Comercio y el Fondo Monetario Internacional deberían estar «a la vanguardia del combate para que no se rechace a los inmigrantes "sin papeles"; o bien mostrarse como fervientes partidarios de instaurar visados de entrada y de salida para los capitales (control de cambios), de medidas de regulación como la Tasa Tobin»[22].

Quizá convenga recordar que, allá por los años setenta, el economista y premio Nobel de economía James Tobin hizo la propuesta de «echar algo de arena en el engranaje de nuestros demasiado eficientes mercados monetarios internacionales», recaudando un impuesto del 1% sobre todas las transacciones en divisas, que las Naciones Unidas destinarían después a programas de desarrollo. Todavía no se ha conseguido.

Debemos decirlo con claridad: el discurso neoliberal, que tan displicentemente trata a los críticos de la globalización, no merece crédito, porque sólo defiende las reivindicaciones y los intereses de los

22. CASSEN, Bernard, «El dudoso éxito de la «ortodoxia» económica liberal»: *Le Monde Diplomatique* 49 (noviembre-diciembre 1999) 17.

poderosos. Por eso nos parecen más dignos de atención otros discursos que dicen: globalización, sí; pero regulada. Por ejemplo, el de la Doctrina Social de la Iglesia. Oigamos a Juan Pablo II en la *Centesimus annus:* «Hoy se está experimentando ya la llamada "economía planetaria", fenómeno que no hay que despreciar, porque puede crear oportunidades extraordinarias de mayor bienestar. Pero se siente cada día más la necesidad de que a esta creciente internacionalización de la economía correspondan adecuados órganos internacionales de control y de guía válidos, que orienten la economía misma hacia el bien común»[23]. O –dicho con otras palabras– «el desafío consiste en asegurar una globalización en la solidaridad, una globalización sin dejar a nadie al margen»[24].

La dificultad está precisamente en que no existen actualmente esos «adecuados órganos internacionales» capaces de llevar a cabo esa tan necesaria regulación.

Pensemos, por ejemplo, en el movimiento de capitales. Los gobiernos nacionales no es ya que no tengan posibilidad de controlarlos; es que ni siquiera les resulta posible el simple seguimiento. Todo el dinero recogido sobre la Tierra en cualquier modo y lugar (bancos, institutos de crédito, acciones, bonos, etc.) llega a centrales de gestión de capitales que, a su vez, son controladas por grandes sociedades financieras sin patria, y a menudo sin nombre.

---

23. JUAN PABLO II, *Centesimus annus,* 58 (*Once grandes mensajes,* BAC, Madrid 1992[14], p. 806).

24. JUAN PABLO II, *«De la justicia de cada uno nace la paz de todos». Mensaje para la celebración de la Jornada Mundial de la Paz* (1 de enero de 1998), n. 3 [PABLO VI y JUAN PABLO II, *Mensajes para la celebración de la Jornada Mundial de la Paz (1968-1998),* PPC, Madrid 1998, p. 375].

Hoy empieza a ser difícil incluso lo que hasta ahora resultaba muy fácil: que en el interior de cada Estado los poderes públicos impongan cierta disciplina al capitalismo. En efecto, la globalización obliga a los gobiernos a plegarse a las exigencias del mercado global si no quieren perder competitividad y deslizarse hacia el tenebroso grupo de los excluidos. La alternativa en una economía globalizada es muy sencilla: o bien se regula el espacio mundial, o bien se des-regulan también los espacios nacionales.

Hoy por hoy el espacio mundial no está en absoluto regulado y, en consecuencia, los espacios nacionales se van des-regulando poco a poco. Esto es muy grave. En buena parte, *ya no es la política la que controla a la economía, sino al revés*[25]. Y cuando no gobiernan los políticos elegidos por el pueblo, sino «los mercados», la democracia misma está amenazada.

Así pues, es imprescindible imponer cierta disciplina al capitalismo en la escena internacional, y esto exige algún tipo efectivo de autoridad internacional. Ninguna persona medianamente informada puede ignorar por más tiempo el llamativo contraste existente «entre la globalización económica y la ausencia de un control político global»[26]. *Estamos inmersos en un sistema global que carece de instituciones globales.*

Hoy nadie duda que los Estados-nación se han quedado pequeños. Además de la globalización eco-

---

25. Cfr. ÁLVAREZ RICO, Manuel, y ÁLVAREZ-RICO GARCÍA, Isabel, «La crisis del Estado de Bienestar en el marco de la globalización: Incidencia en el sector público»: *Sociedad y Utopía* 12 (1998) 123-135.
26. GAAY FORTMAN, Bas de, y KLEIN GOLDEWIJK, Berma Klein, *Dios y las cosas. La economía global desde una perspectiva de civilización,* Sal Terrae, Santander 1999, p. 59.

nómica que venimos estudiando, podríamos citar montones de fenómenos que inevitablemente atraviesan las fronteras de los Estados: desde la difusión de la droga o la extensión de una enfermedad como el SIDA hasta la contaminación atmosférica o la destrucción de la capa de ozono. Es tal la interdependencia que hoy existe en economía, cultura, ciencia, etc., que el contexto de las decisiones a tomar ya no es el ámbito de los Estados. Ninguno de ellos, aunque fuese el más poderoso del Planeta, sería capaz en la actualidad de asegurar por sus propias fuerzas el bien común de sus ciudadanos, su bienestar material y su seguridad. O, si preferimos expresarlo con la terminología de la filosofía escolástica, ningún Estado es ya una «sociedad perfecta».

El Concilio Vaticano II lo vio con claridad: «La interdependencia, cada vez más estrecha, y su progresiva universalización hacen que el bien común –esto es, el conjunto de condiciones de la vida social que hacen posible a las asociaciones y a cada uno de sus miembros el logro más pleno y más fácil de la propia perfección– se universalice cada vez más e implique, por ello, derechos y obligaciones que miran a todo el género humano. Todo grupo social debe tener en cuenta las necesidades y las legítimas aspiraciones de los demás grupos; más aún, debe tener muy en cuenta el bien común de toda la familia humana»[27].

Igual que dentro de cada nación es necesario un poder político para armonizar los intereses a menudo contrapuestos de los distintos grupos sociales, a nivel

27. CONCILIO VATICANO II, *Gaudium et Spes,* 26 a (*Concilio Vaticano II. Constituciones. Decretos. Declaraciones. Legislación posconciliar,* BAC, Madrid 1970[7], p. 295).

internacional es imprescindible que exista también algún tipo de ordenamiento político capaz de armonizar los intereses de los distintos Estados-nación.

Por iniciativa del entonces canciller alemán Willy Brandt, la ONU creó en 1992 una Comisión de 25 miembros para estudiar un Ordenamiento Político Mundial (*The Commission on Global Governance*). En el Informe hecho público tres años después por la Comisión, que se tituló «Vecinos de un único mundo», se excluía ya desde la Introducción un gobierno mundial: «No estamos proponiendo medidas para la creación de un *gobierno mundial*»; esto podría conducir a «un mundo aún menos democrático». Pero tampoco se trata de un mundo sin sistema o sin normas; nos hallaríamos ante un «mundo caótico» que supondría los mismos o aún mayores peligros»[28].

Nosotros no nos atrevemos a decir que un gobierno mundial no pudiera ser verdaderamente democrático. Es verdad que a la Unión Europea –donde se ha dado hasta ahora el mayor grado de integración política entre Estados– se le achaca *con razón* un *déficit democrático;* pero es un déficit que puede y debe corregirse. De hecho, se va corrigiendo poco a poco, aunque sea muy lentamente: desde 1971, el Parlamento europeo lo elegimos por sufragio universal directo todos los ciudadanos de la Unión; si al principio carecía de atribuciones legislativas, hoy ya comparte con el Consejo de Ministros esas competencias; etc. No vemos por qué no podríamos aspirar en el futuro a establecer una *gran democracia mundial.*

Pero admitimos que esa meta está tan lejos que apenas puede vislumbrarse. Lo que quiere decir que,

28. THE COMMISSION ON GLOBAL GOVERNANCE, *Our Global Neighbourhood,* Oxford 1995, p. XXI.

al menos a corto y medio plazo, esa autoridad mundial no deberíamos imaginárnosla según el modelo del Estado, sino más bien como una instancia supraestatal de alcance planetario. El punto de partida podrían ser algunas instituciones ya existentes, como la Organización de Naciones Unidas y sus organismos especializados; e incluso el Fondo Monetario Internacional y el Banco Mundial, aunque, eso sí, profundamente democratizados.

Un reto para los cristianos

Contraste entre la opulencia satisfecha y la miseria extrema

Al afirmar que una globalización carente de regulaciones aumenta las desigualdades económicas hemos utilizado el lenguaje frío propio de los discursos académicos. Sin embargo, deberíamos sentir como una bofetada en pleno rostro cuando los informes internacionales nos dicen que actualmente «hay más personas hambrientas en el mundo que en ningún otro momento de la historia humana, y el número no deja de crecer»[29]. Pensemos, por ejemplo, en esos «niños de la calle», extendidos por casi toda América Latina, que en el seno de la economía globalizada necesitan drogarse oliendo el pegamento que usan los zapateros –la droga más barata y más extendida en América Latina– para poder soportar una vida sin alicientes. En Río de Janeiro y São Paulo existen «escuadrones de la muerte» especializados en matar-

29. WORLD COMMISSION ON ENVIRONMENT AND DEVELOPMENT, *Our Common Future,* Oxford University Press, Oxford 1987, p. 29.

los, y, según Amnistía Internacional, el promedio viene siendo de dos niños asesinados cada tres días.

A nivel internacional está vigente el *modelo de desarrollo 20:80,* que nos permite al 20% de la humanidad que vivimos en el Norte de la aldea global acaparar el 80% del Producto Mundial Bruto. Entre los 39 millones de españoles, por ejemplo, nos repartimos una renta total superior a la de los 1.765 millones de personas que habitan en los países menos desarrollados[30].

Eso no quiere decir, desde luego, que esté bien distribuida la renta entre los 39 millones de españoles. También hay un Sur dentro del Norte.

Muchos sociólogos han caracterizado la situación actual de los países ricos como *sociedades de los tres tercios.* Son sociedades segmentadas: un tercio de personas *integradas,* con trabajos estables y bien remunerados; otro tercio de personas *vulnerables,* con empleo precario y mala protección social; y un último tercio de personas *excluidas* de forma estable del mercado laboral, con graves problemas de aislamiento social. Peter Glotz, antiguo secretario general del Partido Socialdemócrata alemán, prefiere hablar simplemente de *sociedades de dos tercios*[31], porque el último tercio realmente es como si no existiera. Hasta la política se hace en función de los dos tercios integrados y deja de lado los problemas de ese tercio de excluidos sociales[32].

---

30. ATIENZA AZCONA, Jaime, *La deuda externa y los pueblos del Sur,* Manos Unidas, Madrid 1998, p. 225.
31. GLOTZ, Peter, *Manifiesto para una nueva izquierda europea,* Siglo XXI, Madrid 1987, pp. 20-21.
32. Cfr. GALBRAITH, John Kenneth, *La cultura de la satisfacción,* Ariel, Barcelona 1993[5].

Resulta especialmente sangrante el grupo de los *super-excluidos,* formado por los mendigos, «sin techo», transeúntes, drogadictos en situación límite, enfermos terminales de SIDA, alcohólicos graves, delincuentes del atraco o el robo en pequeña escala, personas dedicadas a la prostitución masculina o femenina de baja calidad, algunos inmigrantes, usuarios de albergues, etc.

Y, sin embargo, seguramente lleva razón Rafael Díaz-Salazar cuando afirma que «todos los problemas del mundo occidental son absolutamente secundarios comparados con los de la inmensa mayoría de la humanidad, ese 80% que dispone del 20% de la riqueza mundial»[33].

¿Quién se ocupará de los perdedores?

¿Quién se ocupará de los perdedores –países o continentes enteros, como hemos visto– en un mercado global absolutamente libre? En los *ghettos* negros de Sudáfrica, a quienes observaban la lucha contra el *apartheid* sin intervenir, contemplando los hechos desde su casa, o en todo caso se interesaban de una forma meramente académica por el desenlace de la lucha, les llamaban *Izethameli,* «telespectadores»[34].

Pues bien, Dios no quiere «telespectadores». Hay una pregunta que no tiene relevancia para la ciencia económica, pero *es la pregunta de Dios:* «¿Dónde está tu hermano?» (Gn 4,9). Y queda por saber si las iglesias van a escuchar la voz del Señor que sigue

33. DÍAZ-SALAZAR, Rafael, *La izquierda y el socialismo,* Taurus, Madrid 1998, p. 26.
34. NOLAN, Albert, *Dios en Sudáfrica,* Sal Terrae, Santander 1989, p. 213.

clamando: «¿Dónde está tu hermano?», o si le van a responder al Señor que ellas no se meten en política.

Quienes escuchan la pregunta del Señor y responden: «¿Soy yo acaso el guardián de mi hermano?» (Gn 4,9) son culpables. Los que sienten que no pueden dejar que esa pregunta se haga completamente consciente, porque comportaría un cambio radical en su sistema de valores y en su comportamiento, también son culpables.

El contraste entre la opulencia satisfecha de sí misma y la pobreza extrema no es un drama al que la Iglesia pueda acercarse desde fuera, como aquel buen samaritano que casualmente pasaba por el camino que iba de Jerusalén a Jericó (cfr. Lc 10,30-35). La opulencia satisfecha se concentra sobre todo en países tradicionalmente cristianos –aunque ese cristianismo en nuestros días empiece a manifestar síntomas de senilidad–; y a la vez en muchos países pobres –por ejemplo de África y América Latina– existe un cristianismo joven y lleno de vida.

Podemos comprender la gravedad que tiene este problema para las Iglesias de vieja cristiandad recordando que, en una situación semejante (aunque de nivel local), Pablo negó a los corintios el derecho a seguir celebrando la eucaristía (cfr. 1 Cor 11,18-34).

Utilizando un concepto muy apreciado por nuestros hermanos separados, me atrevo a decir que estamos ante un *status confessionis*. La expresión *status confessionis* designa una situación que exige imperiosamente dar testimonio de las obligaciones cristianas, porque está en juego el ser o no ser de la Iglesia de Jesús.

Se trata siempre de una situación concreta, ligada a tiempos y lugares específicos, en la cual la confesión de fe, por costosa que resulte, no es facultativa, sino necesaria; y, además, una confesión y un testimonio de fe no meramente individuales, sino de la Iglesia como un todo. La confesión de la que estamos hablando no se limita a la proclamación verbal de la doctrina, sino que exige también una acción concreta, una *praxis*.

Bonhöffer utilizó esta expresión en su intercambio epistolar con Karl Barth, en el otoño de 1933, para designar la situación creada por el nazismo en Alemania y el desafío que representaba para las Iglesias[35]. Le parecía a Bonhöffer que los crímenes de Hitler contra la humanidad habían provocado una situación en la que era necesario dar un testimonio valiente de fe; algo así como un *status confessionis*. Karl Barth aceptó que empleara esta expresión.

El concepto de *status confessionis* se empleó nuevamente a propósito del *apartheid* en Sudáfrica. En 1977, la Asamblea de la Federación Luterana Mundial celebrada en Dar es Salaam (Tanzania) invocó el *status confessionis* para exigir a las Iglesias blancas el repudio público e inequívoco del sistema del *apartheid*[36]. Esa declaración condujo, siete años después, a dicha Federación Luterana Mundial a la suspensión de dos de sus Iglesias, por no haber acatado los requerimientos impuestos a la fe por el *status confessionis*. Por idéntica razón la Alianza Reformada Mundial había suspendido de sus derechos de miembros de la Alianza, ya en 1982, a otras dos Iglesias blancas sudafricanas segregacionistas. En este caso también se invocó la idea del *status confessionis*.

---

35. Cfr. BONHÖFFER, Dietrich, *Redimidos para lo humano. Cartas y diarios (1924-1942)*, Sígueme, Salamanca 1979, p. 69.
36. Tomo los datos que siguen de DURAND, Alain, *Porque tuve hambre...*, Mensajero, Bilbao 1997, p. 86.

Pues bien, la situación de los excluidos en los países opulentos, y mucho más todavía la de quienes malviven en los países pobres, debe considerarse como un *status confessionis,* aunque la existencia de unas estructuras económicas que actúan en buena parte de modo automático produzcan cierta sensación de impotencia, al menos a corto y medio plazo. Quizá podríamos repetir aquí lo que Bonhöffer dijo sobre el nazismo: «El que el *status confessionis* se ha presentado ya no puede ser puesto en duda, pero lo que no acabamos de ver claro es cómo se expresa hoy la confesión de la manera más apropiada»[37].

Sería deseable, en todo caso, que en el tercer milenio todas las Iglesias cristianas se unieran para exigir que la máxima prioridad de todos los gobiernos sea regular la economía internacional, para acabar cuanto antes con esa vergüenza suprema de nuestros días que es la miseria de la mayor parte de la humanidad. Como dijo Juan Pablo II, «es claro, y la experiencia lo demuestra, que en algunas circunstancias la voz común de los cristianos tiene más impacto que una voz aislada»[38].

Comunidades que sean un signo profético para la humanidad

Además de esa reivindicación colectiva, es necesario conseguir que cada comunidad cristiana sea un signo profético de lo que reivindicamos para la humanidad entera: un mundo sin pobres.

---

37. BONHÖFFER, Dietrich, *op. cit.,* p. 69.
38. JUAN PABLO II, *Ut unum sint,* n. 43 a (San Pablo, Madrid 1995, p. 55).

Igual que «existe un orden o "jerarquía" en las verdades de la doctrina católica, porque es diverso el enlace de tales verdades con el fundamento de la fe cristiana»[39], podemos afirmar que existe también un orden o jerarquía en las exigencias éticas de la fe, según se deriven más o menos directamente de lo nuclear del mensaje cristiano: que en Jesucristo ha llegado el Reino de Dios.

Aceptado lo anterior, a mí me parece que la comunicación cristiana de bienes es una exigencia ética de primer orden, porque es una consecuencia inmediata de la esencia del Reino: *comunión de los hombres entre sí y con Dios.* Por eso ya el Bautista concretaba así la preparación para el Reino que estaba a punto de llegar: «El que tenga dos túnicas, que las reparta con el que no tiene, y el que tenga para comer, que haga lo mismo» (Lc 3,11).

San Pablo explica a los corintios hasta dónde debe llegar la comunión de bienes entre los cristianos: «No se trata de pasar vosotros estrecheces para que otros tengan abundancia, sino que, por exigencias de igualdad, en el momento presente vuestra abundancia remedie su pobreza, para que también un día la abundancia de ellos pueda remediar vuestra necesidad, y así reine la igualdad. Como dice la Escritura: *A quien recogía mucho no le sobraba, y al que recogía poco no le faltaba*» (2 Cor 8,13-15).

Pablo se sirve aquí de una cita del libro del Éxodo (16,18) para decirnos cuál es la meta: que el que consiga mucho no tenga de más, ni el que consiga poco tenga de menos. O, si queremos, *que cada cual aporte según su capacidad y reciba luego según su nece-*

39. CONCILIO VATICANO II, *Unitatis redintegratio,* 11 c (ed. cit., p. 743).

sidad. Como es sabido, así era el proyecto que Marx tenía en la mente para la sociedad comunista[40]; pero muchos siglos antes de que él propugnara ese modelo de convivencia lo había hecho San Pablo y lo habían intentado poner en práctica en la primera comunidad cristiana de Jerusalén. Aunque, sin duda, algo idealizada, es famosa la descripción de la misma que nos ha dejado Lucas: «No había entre ellos ningún necesitado, porque todos *los que tenían hacienda o casas las vendían,* llevaban el importe de la venta, lo ponían a los pies de los apóstoles, *y se repartía a cada uno según su necesidad*» (Hch 4,34-35).

---

40. MARX, Karl, *Crítica del Programa de Gotha,* Materiales, Barcelona 1978, p. 95.

3
El reto de las grandes migraciones

El imperio y los nuevos «bárbaros»

Las migraciones son un fenómeno antiquísimo. Si la cuna de la humanidad estuvo en África ocho o diez millones de años atrás y hoy están habitados los cinco continentes, se ha debido a las sucesivas migraciones ocurridas desde hace por lo menos 150.000 años. Sin embargo, las migraciones sólo empezaron a ser un fenómeno verdaderamente importante durante la segunda mitad del siglo XIX; y desde entonces no han dejado de aumentar.

Además, las migraciones del pasado eran muy distintas de las que nosotros conocemos. Casi siempre se desplazaba la tribu entera o el clan en bloque, con todo su bagaje socio-cultural: sus jefes, su estratificación social, sus costumbres. Llegados al lugar donde decidían fijar su nuevo emplazamiento, volvían a instalarse de acuerdo con su modelo tradicional, incluida la forma de la aldea, cuya geometría reconstruían con toda exactitud. Las migraciones actuales, en cambio, apenas están organizadas y no afectan a una sociedad en su conjunto, a veces ni siquiera a la familia, sino a individuos aislados de la misma, de lo cual resultan traumatismos profundos, sociales y psicológicos.

Entre 1970 y 1990, la media de personas que abandonaron sus países de origen en busca de mejores condiciones de vida fue de 6 millones cada año, con un máximo de 14,5 millones en 1989. Según las Naciones Unidas, en la actualidad existen aproximadamente 130 millones de inmigrantes (hombres y mujeres), lo que significa que casi el 2% de la población mundial vive en un país distinto del que le vio nacer. De esos 130 millones, alrededor de 22 millones son refugiados registrados por el Alto Comisionado de las Naciones Unidas para los Refugiados (ACNUR)[1].

En 1991 Jean-Christophe Rufin publicó un libro titulado *El imperio y los nuevos bárbaros* que alcanzó gran difusión[2]. En él comparaba los muros levantados alrededor de los países ricos para frenar la marea de inmigrantes procedentes del tercer mundo con los fosos, murallas y torres de vigilancia que el Imperio romano construyó durante el siglo II para impermeabilizar sus fronteras e impedir el acceso de los bárbaros.

Ni aquellos muros fueron eficaces ni lo serán los de hoy. Más bien debemos dar por supuesto que el siglo XXI será el siglo de las grandes migraciones. Según las previsiones de las Naciones Unidas, la población mundial seguirá aumentando hasta quedar estabilizada en 10.200 millones de personas dentro de cien años; y el 98% de dicho crecimiento demo-

1. El ACNUR define al refugiado como cualquier persona que ha debido huir del país donde está nacionalizada o donde residía antes habitualmente, por tener fundados temores de sufrir persecución a causa de su raza, religión, nacionalidad u opinión política, y no puede –o, a causa de ese temor, no desea– acogerse a la protección de dicho país para regresar a él.
2. RUFIN, Jean-Christophe, *El imperio y los nuevos bárbaros,* Rialp, Madrid 1992.

gráfico tendrá lugar en los países pobres. Estas cifras, evidentemente, no pueden tener mucho rigor matemático, pero dan idea del problema que se avecina. Como dijo el Dr. Mahbub ul Haq, al presentar el *Informe sobre Desarrollo Humano de 1992,* es inevitable que la gente vaya hacia las oportunidades si las oportunidades no van hacia ellos[3], y ninguna ley de extranjería, por muy represiva que sea, podrá frenarlas. Brahim –uno de los pocos supervivientes del naufragio de una patera, el 16 de septiembre de 1998–, en nombre de todas las pateras del mundo, decía: «Nadie puede poner fronteras a nuestra hambre». De hecho, una reciente encuesta puso de manifiesto, por ejemplo, que el 72% de los marroquíes desean emigrar, y entre los jóvenes de 21 a 29 años el porcentaje llega hasta el 89%[4].

El día 2 de agosto de 1999 fueron encontrados en el tren de aterrizaje de un avión que cubría la ruta Malí-Bélgica los cadáveres de Yaguine Koita y Fodé Tounkara, dos niños de Guinea-Conakry. Se habían escondido allí para escapar de la pobreza y poder estudiar, pero no pudieron resistir las bajas temperaturas (entre 40 y 55 grados bajo cero) que reinan a 10.000 metros de altura. Uno de ellos llevaba sujeta a la altura del corazón una emotiva carta que habían escrito a los dirigentes europeos: «Son ustedes las personas a quienes los africanos necesitamos pedir socorro. Se lo suplicamos por el amor que sienten ustedes hacia sus hijos y por el amor de su creador, Dios todopoderoso, que les ha dado todo lo necesario para hacer de su continente el más bello y admi-

3. Ul Haq, Mahbub, «Un nuevo orden mundial humano»: *El País* (30 de abril de 1992) «Temas de nuestra época» p. 3.
4. Ramonet, Ignacio, «Marruecos, el cambio»: *Le Monde Diplomatique* 57 (julio 2000) 5.

rable de todos: ayúdennos, sufrimos enormemente en África. Si ustedes ven que nos sacrificamos tanto y exponemos nuestra vida, es porque se sufre demasiado en África. Queremos estudiar, y les pedimos que nos ayuden a estudiar para ser como ustedes en África. En fin, les suplicamos muy, muy fuertemente que nos excusen por atrevernos a escribir esta carta a ustedes, los grandes personajes a quienes debemos mucho respeto»[5].

Europa entera se conmovió; pero sólo por un momento. Unos días después, el centro de atención se había desplazado hacia los fichajes que los equipos de futbol realizaban para la nueva temporada, y hoy nadie se acuerda ya de Yaguine Koita y Fodé Tounkara. Entretanto, los guardacostas de Florida, los agentes de aduanas de Marsella o las patrulleras de la Guardia Civil han seguido peinando las fronteras del Imperio para impedir la entrada de los nuevos «bárbaros». Y yo me pregunto: ¿quiénes son los «bárbaros», ellos o nosotros?

Defensa de los derechos del inmigrante

Debemos procurar, en primer lugar, que en el tercer milenio nadie necesite salir de su tierra para poder comer. «Juzgamos lo más oportuno –decía Juan XXIII– que, en la medida de lo posible, el capital busque al trabajador, y no al contrario. Porque así se ofrece a muchas personas la posibilidad de mejorar su situación familiar, sin verse constreñidas a emigrar penosamente a otros países, abandonando el

5. Puede verse el texto íntegro en *El País* (5 de agosto de 1999) 20. He corregido algo la sintaxis.

suelo patrio, y emprender una nueva vida, adaptándose a las costumbres de un medio distinto»[6].

Sin embargo, si alguien desea libremente –no forzado por el hambre– establecerse en otro país para mejorar su suerte, debería tener libertad para hacerlo, porque antes que ciudadanos de tal o cual país somos todos ciudadanos del mundo. Desde luego, no es un gran progreso haber derribado el muro de Berlín si a continuación construimos otros en Ceuta y Melilla, por ejemplo.

¿Que semejantes afirmaciones son «ingenuas» y poco «realistas»? No olvide el lector que yo escribo desde la fe cristiana, y el Evangelio nos invita a ver la vida desde la óptica de los últimos. Intente el lector repensar el derecho a emigrar no desde el sillón de su casa, sino desde las pateras, y verá cuánto cambia su aspecto. Como dice Benedetti, «todo es según el dolor con que se mira»[7]. En todo caso, así es la doctrina de la Iglesia: «Es necesario que sea lícito (a cada persona humana), cuando lo aconsejen justos motivos, emigrar a otros países y fijar allí su domicilio. El hecho de pertenecer como ciudadano a una determinada comunidad política no impide en modo alguno ser miembro de la familia humana ni pertenecer en calidad de ciudadano a la comunidad mundial»[8].

---

6. JUAN XXIII, *Pacem in terris,* 102 (*Once grandes mensajes,* BAC, Madrid 1992[14], p. 239).
7. Cit. en DÍAZ-SALAZAR, Rafael, *La izquierda y el cristianismo,* Taurus, Madrid 1998, p. 360.
8. JUAN XXIII, *Pacem in terris,* 25 (*ed. cit.,* p. 217). He modificado ligeramente la traducción. El original latino dice: «Neque ex eo quod quis certe cuiusdam reipublicae est civis, is ullo modo vetatur esse membrum humanae familiae, neque civis universalis illius societatis et coniunctionis omnium hominum communis». En el núm. 106 repite que, entre los derechos de la perso-

Sabemos que, cuando un emigrante consigue por fin instalarse en un país del Norte, no han terminado sus dificultades en absoluto. A menudo padece una grave discriminación laboral con respecto a los trabajadores nacionales. Muchos empresarios prefieren precisamente contratar mano de obra extranjera porque es menos reivindicativa, sobre todo cuando no tiene la documentación en regla. «La emigración por motivos de trabajo –dijo Juan Pablo II– no puede convertirse de ninguna manera en ocasión de explotación económica o social. En lo referente a la relación de trabajo con el trabajador inmigrado, deben valer los mismos criterios que sirven para cualquier otro trabajador de la misma sociedad. El valor del trabajo debe medirse con el mismo metro y no en relación con las diversas nacionalidades, religión o raza»[9].

Con frecuencia los inmigrantes extranjeros deben soportar también manifestaciones de racismo y xenofobia. Me pregunto, por ejemplo, qué pueden sentir al leer estas palabras escritas por todo un Académico de la Lengua: Europa es un conjunto de «pueblos viejos y gloriosos que, con su ciencia, investigación, audacia, descubrimientos y modo de ser, han ido elevando la dignidad de la especie humana a límites impensados. (...) La raza europea y sus prolongaciones en América y Australia son como una leve mancha de piel blanca, como la Vía Láctea en el firmamento, frente a la dermis afro-asiático-polinesio-americana del obscuro espacio del resto de la Tie-

na humana, debe contarse «el de que cualquiera pueda lícitamente emigrar a la nación donde espere que podrá atender mejor a sí mismo y a su familia» (p. 240).

9. JUAN PABLO II, *Laborem exercens,* 23 c (*Once grandes mensajes,* p. 610).

rra». Pero estamos padeciendo «una invasión foránea de indigentes (si no lo fuesen se quedarían en sus países) cuyos individuos son de evidente inferioridad cultural, educacional, higiénica y sanitaria. (...) Asombra, pasma enumerar lo que ha hecho Europa en el mundo y para el mundo, y estremece pensar que todo ello pueda perderse, difuminarse, oscurecerse –la piel también ¿por qué avergonzarse de ella?– con la invasión pacífica de genes extraños que no portan con ellos ni el amor a la superación, ni la veneración al trabajo bien hecho, o simplemente al trabajo». En España existen «200.000 marroquíes, de los cuales 68.000 son legales, y el resto clandestinos. Sumemos argelinos, tunecinos, mauritanos, filipinos, chinos, cada uno en sus guetos voluntarios, con sus mañas propias o jugando por libre; añadamos los de Europa oriental y traficantes de droga suramericanos, y convendremos en que el problema no es baladí»[10].

Después de leer estas palabras, comprendí mejor la impactante confesión de un escritor alemán: «Dos clases de felicidad he sentido al volver de la emigración: la primera, el poder ayudar a mitigar penas y necesidades; la otra, la más grande quizás y más beneficiosa para el alma que pude sentir en mi vida, *la de no tener que odiar*»[11].

10. LUCA DE TENA, Torcuato, «La invasión tercermundista»: *ABC* (28 de diciembre de 1996).
11. ZUCKMAYER, Carl, *Als Wär'es ein Stück von mir,* Frankfurt 1966, p. 553 (cit. en PIEPER, Josef, *El amor,* Rialp, Madrid 1972, p. 136). El subrayado es mío.

«Fui extranjero y me acogisteis»

Los cristianos tenemos especiales motivos para convertirnos en defensores de los inmigrantes. No podemos olvidar que la historia de la revelación, cuyo centro es Cristo, comienza con una emigración. Bernard Bro se atreve a decir que «quienes no han vivido un éxodo no pueden comprender totalmente la Biblia»[12].

A pesar de todo lo que se ha dicho sobre el particularismo israelita, hay un elemento de la legislación del pueblo de Dios que no tiene paralelo en la normativa ético-jurídica de otros pueblos: la atención al extranjero (גֵּר, *gēr*). El derecho que asiste a los extranjeros se halla recogido en las tres grandes recopilaciones legales del Antiguo Testamento:

El texto jurídico más antiguo de la Biblia es el Código de la Alianza (Ex 20,22 - 23,33), que data de los siglos XII-XI a.C., es decir, de los primeros tiempos del establecimiento en Canaán, antes de la monarquía. Allí aparece el tema en dos ocasiones, y se da como motivación la propia experiencia histórica de Israel: «No molestes ni oprimas al extranjero, porque vosotros también fuisteis extranjeros en Egipto» (Ex 22,20); «no oprimas al emigrante: vosotros conocéis cuál es la condición del emigrante, pues fuisteis emigrantes en Egipto» (Ex 23,9). Sin duda, estamos ante una saludable advertencia para los españoles, que hemos sido hasta hace poco un país de emigración, y bien que nos quejábamos entonces del trato que recibían nuestros emigrantes en Alemania o en Suiza.

---

12. BRO, Bernard, *Pero ¿qué diablos hacía Dios antes de la creación?,* Planeta, Barcelona 1997, p. 88.

Esa exigencia de respeto al extranjero halla su plena expresión en el Libro de la Ley deuteronomista (Dt 12,1 - 28,68), una revisión del Código de la Alianza elaborada en tiempos del rey Josías (siglo VII a.C.). Además de exigir que los extranjeros se integren en las grandes fiestas del culto y disfruten de los banquetes que se celebraban con tal ocasión (Dt 16,11.14), establece por primera vez en la historia un impuesto social para beneficiar (entre otros) a los extranjeros (Dt 14,28-29). Dando un paso que resulta en verdad sorprendente, el Deuteronomio llegará a incluir en este concepto de extranjero a los ciudadanos de dos pueblos que la tradición señalaba invariablemente como enemigos declarados de Israel: «No detestarás al idumeo, porque es tu hermano; ni al egipcio, porque fuiste forastero en su país. Sus descendientes podrán ser admitidos en la asamblea del Señor a partir de la tercera generación» (Dt 23,8-9). El fundamento para actuar así es nuevamente el recuerdo de la emigración al país del Nilo (Dt 24,17-18). Es verdad que los egipcios les habían explotado mientras vivieron en aquel país, pero, al fin y al cabo, también les habían ofrecido acogida y protección en tiempos de hambre.

Sin embargo, las formulaciones más claras sobre la situación jurídica de los extranjeros se encuentran en el Código de Santidad (Lev 17,1 - 26,46), un conjunto de leyes recopiladas inmediatamente antes del exilio (año 587 a.C.). Allí se exige incluso una equiparación del extranjero con los israelitas: «Si un emigrante se instala en vuestra tierra, no le molestaréis; será para vosotros como un nativo más y lo amarás como a ti mismo, pues también vosotros fuisteis emigrantes en Egipto. Yo soy Yahveh, vuestro Dios» (Lev 19,33-34). «Habrá una misma ley para el emigrante y para el nativo, porque yo soy Yahveh, vuestro Dios» (Lev 24,22). Como vemos, a la razón ya conocida del recuerdo de la propia emigración se añade ahora otra: «Yo soy Yahveh, vuestro Dios». El sentido de esa expresión lo encontramos con toda claridad al comienzo del capítulo: «Sed santos, porque yo, Yahveh, vuestro Dios, soy santo» (Lev 19,2).

A las dos motivaciones para ser solidarios con los inmigrantes que aporta la Biblia hebrea, el Nuevo Testamento añade otra todavía más fuerte cuando el discurso del Juicio Final (Mt 25,31-46) llega a decir que acoger o dejar de acoger al forastero equivale exactamente a acoger o dejar de acoger a Cristo.

Por último, debemos hacer una referencia a las necesidades religiosas de los inmigrantes. Aunque muchos de ellos son católicos, la experiencia dice que no les resulta fácil integrarse en las comunidades cristianas del Norte, debido al desconocimiento de la lengua y/o al choque de una cultura que les resulta extraña, cuando no a la existencia de actitudes xenófobas en el interior de la propia comunidad. Debe ser tarea prioritaria de dichas comunidades facilitar a los inmigrantes su integración en ellas. Como dijo Juan Pablo II, «no existe el forastero para quien debe *hacerse prójimo* del necesitado»[13]. Las comunidades cristianas en las que los inmigrantes sean miembros activos perfectamente integrados se convertirán en un signo para la sociedad en su conjunto.

---

13. JUAN PABLO II, *Evangelium vitae,* 41 c (San Pablo, Madrid 1995, p. 74).

4
El reto de la diversidad cultural

Porque la tierra se ha vuelto más pequeña que ayer y porque las migraciones se van a multiplicar en un futuro próximo, el encuentro entre diversas culturas será cada vez más frecuente.

En el siglo XVIII, cuando Francia dictaba a toda Europa los patrones de la elegancia y la distinción, el barón de Montesquieu preguntaba con una ingenuidad fingida que no escondía la acidez del sarcasmo: «¿El señor es persa? ¡Qué cosa tan extraordinaria! ¿Cómo es posible ser persa?»[1]. Y, dado que entonces nadie quería ser «persa», nuestro P. Isla hablaba, con fina ironía, de una condesa que estaba aprendiendo a estornudar en francés[2].

Hoy todavía no comprendemos cómo se puede ser «persa» y, más aún, obstinarse en serlo, cuando lo único deseable es ser «occidental». Hasta el momento, la mundialización no se ha caracterizado por el encuentro fraterno entre todos los pueblos de la tierra, sino por el dominio de la cultura occidental sobre todas las demás, con lo cual las personas cuya iden-

1. MONTESQUIEU, Charles, *Cartas persas,* XXX (Orbis, Barcelona 1985, p. 60).
2. ISLA, José Francisco de, *Fray Gerundio de Campazas,* t. 3, Espasa-Calpe, Madrid 1973², p. 166.

tidad ha sido modelada por esas culturas despreciadas es inevitable que vean disminuida su autoestima[3]. Y esto debe cambiar en el nuevo milenio.

El diálogo intercultural

La solución no está, desde luego, en idolatrar la *diversidad cultural* al estilo de aquel romanticismo de finales del siglo XVIII que, en la línea de Herder, exaltaba la diferencia por la diferencia y potenciaba todo lo original como si cualquier originalidad fuera automáticamente una fuente de riqueza. A partir de semejante presupuesto, la costumbre de extirpar el clítoris a las niñas, que practican determinadas culturas, sería tan respetable como la de cepillarse los dientes después de comer.

Es conocida la anécdota que cuenta Berger: cuando Charles Napier conquistó el Sind en la India, en 1943, implantó allí el habitual orden minimalista del dominio británico, respetando todas las costumbres nativas, excepto el *suttee* (la incineración de las viudas en la pira funeraria, que acababa con los restos de su marido). Los brahmanes del Sind defendieron el *suttee* como una costumbre venerable por su antigüedad. La réplica del general Napier fue: «Mi nación también tiene una costumbre. Cuando los hombres queman vivas a las mujeres, nosotros los colgamos. ¡Actuemos todos de acuerdo con nuestra costumbre nacional!»[4].

---

3. Cfr. CORTINA, Adela, *Ciudadanos del mundo,* Alianza, Madrid 1997, p. 196.
4. BERGER, Peter L., *Una gloria lejana,* Herder, Barcelona 1993, p. 95.

Si queremos enriquecernos todos, es necesario –como decía Fernando Savater– «romper la mitología autista de las culturas que exigen ser preservadas idénticas a sí mismas»[5]. Pero no debemos hacerlo ahorcando brahmanes, como el general Napier, sino mediante el *diálogo intercultural.*

El resultado de un auténtico diálogo no será el mestizaje cultural, es decir, la fusión de todas las culturas en una sola –lo cual supondría un profundo empobrecimiento para la humanidad–, sino el desarrollo de las potencialidades ocultas que cada una de ellas tenía adormecidas esperando un catalizador capaz de activarlas. Dice muy bien Girardi que el enriquecimiento dialógico «no se da por una asunción pasiva de valores importados, sino por un proceso activo de evolución desde el interior. No constituye, pues, una pura cesión a las instancias del otro, sino una profunda fidelidad, estimulada por ellas, a la propia inspiración originaria. (...) No es tanto la recíproca "comunicación" de valores cuanto una recíproca fecundación; es decir, una acción que evoca, estimula, activa en el otro un vital proceso creador»[6].

Naturalmente, el diálogo entre culturas se vuelve imposible si no existe un *clima de reciprocidad,* es decir, si no existe la convicción de que unas y otras están llamadas a dar y a recibir, a aprender y a enseñar.

Desde luego, haría falta una arrogancia suprema para afirmar *a priori* que no pueden enseñarnos nada

5. SAVATER, Fernando, *El valor de educar,* Ariel, Barcelona 1997, pp. 161-162.
6. GIRARDI, Giulio, «El diálogo entre católicos y ateos», en (VV.AA.) *El ateísmo contemporáneo,* t. I-1, Cristiandad, Madrid 1971, p. 75.

unas culturas que durante muchos siglos han sido capaces de aportar un horizonte de significado a múltiples seres humanos de los más variados temperamentos; es decir, han sabido articular su sentido del bien, de lo sagrado, de lo admirable. Y salta a la vista que no andamos tan sobrados de riqueza humana como para pasar a su lado sin dirigirles siquiera una mirada.

Es verdad que la cultura occidental tiene valores importantes, como el espíritu crítico o la sensibilidad hacia los derechos humanos. Pero cultura es también una manera de usar y vivir el tiempo, de soportar el sufrimiento, de sentir lo comunitario, de valorar a los mayores, de buscar la felicidad... Y en todo esto habría que ver cuáles son las culturas ricas y cuáles las depauperadas.

Los hermanos Villas-Boas, unos indigenistas brasileños que llevan 50 años trabajando en la selva amazónica, dijeron en un programa de TV en 1989: «Si lo que queremos es hacernos ricos, acumular poder y dominar la Tierra, es inútil que pidamos consejo a los indígenas. Mas, si lo que queremos es ser felices, unir ser humano y ser divino, integrar la vida y la muerte, insertar a la persona en la naturaleza, compatibilizar el trabajo con el ocio, armonizar las relaciones intergeneracionales, entonces escuchemos a los indígenas. Ellos tienen sabias lecciones que darnos»[7].

El diálogo con otras culturas debe permitirnos «reunir lo que fue separado, recomponer lo que fue rechazado o reprimido, tratar como una parte de no-

7. BOFF, Leonardo, *Ecología: grito de la Tierra, grito de los pobres,* Trotta, Madrid 1996, p. 159.

sotros mismos lo que rechazamos como ajeno, inferior o tradicional»[8].

Además, el diálogo intercultural no es sólo una exigencia ética. En opinión de Huntington, viene exigido también por el deseo de supervivencia; por el deseo de evitar futuras guerras mundiales. Como es sabido, en su libro *El choque de civilizaciones*[9] ha defendido que la fuente fundamental de conflictos en el nuevo milenio será cultural: los conflictos tendrán lugar entre grupos de diversas civilizaciones.

Nuevas inculturaciones del cristianismo

Para los cristianos, el encuentro entre culturas entraña también un reto específico: acabar definitivamente con el pecado histórico que ha supuesto la práctica identificación del cristianismo con la cultura occidental.

Hay además un fenómeno que precipitará el final de esa identificación. Me refiero al desplazamiento geográfico que está experimentando la Iglesia católica. Mientras los católicos europeos disminuyen continuamente, debido al declive de la natalidad y a las defecciones, en América Latina hay cada año 8 millones más de católicos; en África, 4 millones más (700.000 de ellos debido a conversiones), y en Norteamérica, 900.000 más. Tillard vio con lucidez lo que esto supondrá: somos «muy probablemente miembros de una de las últimas generaciones en que

8. TOURAINE, Alain, *¿Podremos vivir juntos?*, PPC, Madrid 1997, p. 246.
9. Cfr. HUNTINGTON, Samuel P., *El choque de civilizaciones*, Paidós, Barcelona 1997.

nuestras Iglesias locales de Occidente, como guardianas de la expresión de la Tradición, que resultaba inseparable de sus tradiciones culturales, se podían considerar como los que hablaban en nombre de los demás. Diciéndolo más crudamente: miembros de una de las últimas generaciones faltas de humildad»[10].

Durante muchos siglos, en efecto, la misión estuvo orientada a reproducir en todo el mundo un modelo único, de modo que las iglesias africanas parecían una «copia con papel carbón» (P. Kalilombe) de las iglesias occidentales. «El armonio, por ejemplo, era tan parte integrante de la fe cristiana como la presencia real de Cristo en la eucaristía»[11]. Y no se admitían excepciones ni siquiera en aquellos casos que sólo requerían un poco de sentido común (en Costa de Marfil, por ejemplo, golpearse el pecho es un signo de orgullo; para pedir perdón se golpean en la mano o se agarran por el pie).

Michaël Amaladoss ha expresado así el problema: «Ser considerado extranjero en su propio país resulta, para cualquier persona, una extraña experiencia. Y todavía es peor *sentirse* uno mismo extranjero. (... En la India) hoy todavía, nuestras iglesias tienen esa apariencia típica que les dan unos estilos arquitectónicos extranjeros. Nuestras instituciones, por ejemplo las escuelas, son consideradas como portadoras de una educación occidental (¡inglesa, para más señas!). Nuestros ministros –obispos, sa-

10. TILLARD, Jean-Marie, «Nosaltres, som els darrers cristians?»: *Qüestions de Vida Cristiana* 190 (1998) 16.

11. SHORTER, A., *African Christian Theology,* Chapman, London 1975, pp. 145-146 (cit. en GIBELLINI, Rosino, *La teología del siglo XX,* Sal Terrae, Santander 1998, pp. 489-490).

cerdotes y religiosas– se reconocen con frecuencia por sus indumentarias extranjeras»[12].

Estamos ante un reto de primera magnitud: «La Iglesia tiene que elegir entre la inculturación y la globalización. Desde el Tercer Mundo –dice Pablo Richard– necesitamos una Iglesia católica, no una Iglesia global. Si el cristianismo llegó al Tercer Mundo por el camino de la expansión del colonialismo europeo, el cristianismo únicamente puede recuperar su credibilidad por el camino de la inculturación»[13].

El Concilio Vaticano II quiso inaugurar una nueva era: «La Iglesia –leemos en la Constitución sobre Sagrada Liturgia– no pretende imponer una rígida uniformidad en aquello que no afecta a la fe o al bien de toda la comunidad, ni siquiera en la liturgia; por el contrario, respeta y promueve el genio y las cualidades peculiares de las distintas razas y pueblos. Examina con simpatía y, si puede, conserva íntegro lo que en las costumbres de los pueblos encuentra que no esté indisolublemente vinculado a supersticiones y errores, y aun a veces lo acepta en la misma Liturgia, con tal de que se pueda armonizar con el verdadero y auténtico espíritu litúrgico»[14]. «La liturgia consta de una parte que es inmutable, por ser de institución divina, y de otras partes sujetas a cambio, que en el decurso del tiempo pueden y aun deben variar»[15].

12. AMALADOSS, Michaël, *El Evangelio al encuentro de las culturas,* Mensajero, Bilbao 1998, p. 16.
13. RICHARD, Pablo, «La Iglesia, entre la inculturación y la globalización»: *Utopías* 5/49 (1997) 28.
14. CONCILIO VATICANO II, *Sacrosanctum Concilium,* 37 (*Concilio Vaticano II. Constituciones. Decretos. Declaraciones. Legislación posconciliar,* BAC, Madrid 1970[7], p. 205).
15. CONCILIO VATICANO II, *Sacrosanctum Concilium,* 21 a (*ed. cit.,* p. 197).

Si leemos juntos –como acabamos de hacer– estos dos párrafos 21 y 37 del documento sobre la Liturgia, vemos que para el Concilio la norma debe ser el pluralismo litúrgico, y la excepción –es decir, lo único que no está sujeto a esta ley del cambio– son los elementos de institución divina.

En opinión de Rahner, la importancia del Concilio Vaticano II, con su incipiente intención de pasar de una Iglesia occidental a una Iglesia verdaderamente universal, es equiparable a lo que representó en la Iglesia primitiva el paso del judeo-cristianismo al pagano-cristianismo, cuando los discípulos, con la fuerza del Espíritu del Resucitado, tomaron iniciativas que no representaban una simple continuidad con las enseñanzas de Jesús[16].

Solemos dar por supuesto que el sujeto de la inculturación es el misionero. Sin embargo, el verdadero encuentro entre el Evangelio y una cultura determinada tiene lugar en la comunidad local. Sus miembros son los verdaderos actores y los sujetos de este proceso. Son ellos los que escuchan la Palabra y los que deben responder a ella en su vida. Eso no quita que los misioneros, al no pertenecer a la cultura local, deban esforzarse por traducir el Evangelio lo mejor que puedan, sencillamente para que pueda ser aceptado, pero dejando a la comunidad local el verdadero protagonismo en el esfuerzo de diálogo entre el Evangelio y la nueva cultura.

Esto supone –como dice Amaladoss– «un cambio de paradigma para pensar la inculturación: no hay que partir de todo un aparato institucional que des-

16. RAHNER, Karl, «Theologische Grundinterpretationen des II. Vatikanischen Konzils» (*Schriften zur Theologie,* t. 14, 1980, pp. 287-302).

pués intentaríamos inculturar, sino más bien de una comunidad a la que invitaríamos a responder al Evangelio en su situación social y cultural y a la que dejaríamos libre para expresar y celebrar su respuesta. La cuestión que se plantea entonces es la de saber si queremos partir de la experiencia del pluralismo para después discernir la unidad que la cimienta, puesto que todos respondemos al mismo Evangelio, o si partimos de la unidad de las estructuras para intentar después diversificarlas en sus detalles»[17].

Ya se han dado, sin duda, algunos pasos. En el ámbito litúrgico, el cardenal Malula logró poner a punto un nuevo ritual de la misa –el llamado «rito zaireño»– que concede amplio espacio a las danzas, los cantos y las costumbres culturales africanas. Pero necesitó quince largos años de lucha con los canonistas del Vaticano para que la «misa zaireña» fuera reconocida por fin, en septiembre de 1988, por la Congregación del Culto Divino. Durante la misa, celebrada en las lenguas locales, los presbíteros y los fieles africanos están autorizados a bailar y a acompañar la oración –decía la circular romana– «de movimientos del cuerpo, según los ritmos tradicionales del pueblo».

La obligación de que Roma apruebe las liturgias de las iglesias locales es una fuente de problemas. Amaladoss pregunta incisivamente: «¿Alguien en Roma (¿y quién?) debería controlar la corrección de la traducción nepalesa de las oraciones latinas? Los nepaleses ¿deben además contar con una autorización para crear sus propias oraciones y ritos?»[18].

---

17. AMALADOSS, Michaël, *op. cit.*, p. 177.
18. *Ibidem*, pp. 30-31.

La reflexión teológica también ha empezado a ser más local y contextualizada, aunque han surgido, y siguen surgiendo, no pocas fricciones con la Congregación para la Doctrina de la Fe[19]. El problema –piensa de nuevo Amaladoss– es si «personas pertenecientes a una cultura particular pueden de alguna manera elevarse por encima de los condicionamientos de dicha cultura para juzgar de un modo adecuado las expresiones y formulaciones de otra cultura»[20].

En cambio, apenas se ha conseguido algo hasta ahora en la adaptación del derecho. Sin embargo, si existe ya el «Código de los cánones de las Iglesias orientales», no se ve por qué el resto de la Iglesia católica –tan diversa– deba regirse por un único «Código de Derecho Canónico».

---

19. Como es sabido, recientemente hubo una declaración en firme sobre la obra del jesuita indio ya fallecido Anthony de Mello, pionero en la integración de la espiritualidad y los medios de oración asiáticos y cristianos [cfr. CONGREGACIÓN PARA LA DOCTRINA DE LA FE, «Notificación sobre la obra de Anthony de Mello»: *Ecclesia* 2.910 (12 de septiembre de 1998) 1.354-1.358]; y existe un proceso abierto contra un segundo jesuita, Jacques Dupuis, que enseñó teología en la India durante más de veinte años.
20. AMALADOSS, Michaël, *op. cit.*, p. 132.

5
El reto del diálogo interreligioso

En la aldea global no sólo se produce un continuo encuentro de culturas, sino también de religiones. La mayoría de las sociedades modernas –incluidas aquellas donde el cristianismo o el islam continúan siendo religiones dominantes– se han vuelto plurireligiosas. Basta recordar que en Europa hay en estos momentos 14 millones de musulmanes.

En siglos pasados, si dos religiones distintas se veían obligadas a compartir el mismo espacio, antes o después corría la sangre. Ha sido una lamentable historia de rivalidad fratricida, fanatismo, intolerancia y exclusión. Todavía hoy sigue habiendo conflictos en los que anda de por medio la religión: Irlanda del Norte (católicos/protestantes), Palestina (musulmanes/judíos), Kosovo (ortodoxos/musulmanes), Timor Oriental (musulmanes/católicos), Cachemira (musulmanes/hindúes), Chechenia (ortodoxos/musulmanes)...

Por eso debemos saludar como un positivo «signo de los tiempos» la reciente voluntad de diálogo manifestada por las principales religiones del mundo[1], que necesitaremos consolidar a lo largo del pró-

1. Los católicos, por ejemplo, fuimos ya invitados al «diálogo y la colaboración con los adeptos de otras religiones» por el Concilio Vaticano II [*Nostra Aetate,* 2 c (*Concilio Vaticano II. Constituciones. Decretos. Declaraciones. Legislación posconciliar*, BAC, Madrid 1970^{7}, p. 832)].

ximo milenio. Como ha dicho Juan Pablo II, «debería ser evidente para todos que el diálogo interreligioso ha cobrado una urgencia nueva e inmediata en las actuales circunstancias históricas»[2].

A la Iglesia le ha costado mucho llegar a esa conclusión. Desde aquel «no más asambleas promiscuas», que pronunció León XIII hace cien años refiriéndose a la primera reunión del Parlamento Mundial de las Religiones (Chicago, 1883), hasta el encuentro de representantes de diversas religiones promovido por Juan Pablo II en Asís el 27 de octubre de 1986 para orar juntos por la paz, ha sido necesario recorrer un largo camino.

Es difícil cualquier diálogo. Ya decía Antonio Machado que casi siempre, «de diez cabezas, nueve embisten y una piensa»[3]. Pero todavía es mucho más difícil el diálogo interreligioso. Muchas cosas contribuyen a ello: diferencias políticas, económicas, raciales o étnicas que están más o menos asociadas a las diferencias religiosas; el resentimiento provocado por las intolerancias del pasado; el conocimiento insuficiente –cuando no deformado– de las demás religiones... Y, quizá por encima de todo eso, cierta inseguridad no confesada que nos lleva a ver la presencia de otras religiones a nuestro alrededor como «leones rugientes» (1 Pe 5,8) que nos acosan para devorar nuestra identidad cristiana.

---

2. JUAN PABLO II, «Discurso a la Asamblea plenaria del Consejo Pontificio para el Diálogo Interreligioso» (13 de noviembre de 1992), núm. 3: *Ecclesia* 2.614-2.615 (9-16 de enero de 1993) 77.
3. MACHADO, Antonio, *Campos de Castilla* (*Obras Completas de Manuel y Antonio Machado,* Biblioteca Nueva, Madrid 1978, p. 834).

De hecho, Toynbee pensaba que el encuentro cada vez más frecuente entre las diversas religiones conducirá a la aparición de una religión única, formada por los elementos más valiosos de todas ellas, en un colosal esfuerzo sincretista[4]. Sin embargo, igual que el verdadero diálogo entre culturas no tiene por qué conducir al mestizaje cultural, sino a posibilitar en cada cultura el desarrollo de una serie de potencialidades ocultas que necesitaban un catalizador para activarse, el diálogo con los miembros de otras religiones tampoco tiene por qué suponer una erosión de la propia identidad, sino más bien un enriquecimiento de la misma, al ayudarnos a desarrollar dimensiones de nuestra fe que quizá solos no habríamos sabido descubrir. Podemos estar seguros, además, de que la práctica correcta del diálogo interreligioso tendrá como consecuencia un mejor conocimiento de nuestra propia religión (recordemos la famosa afirmación de Max Müller: «Quien no conoce más que una religión, no conoce ninguna»[5]).

El diálogo interreligioso no se reduce a una actividad académica por la que teólogos de diferentes confesiones ponen en común sus respectivos patrimonios religiosos, como ocurrió, por ejemplo, en el coloquio entre budistas y cristianos celebrado en Taiwan (31 de julio a 4 de agosto de 1995)[6]. Eso es muy importante, sin duda; pero el diálogo interreligioso tiene otras manifestaciones que están al alcan-

---

4. Cfr. GONZÁLEZ-ANLEO, Juan, «Los católicos españoles en el umbral del siglo XXI»: *Sociedad y Utopía* 11 (1998) 274-275.
5. Cit. en MARTÍN VELASCO, Juan, *Introducción a la fenomenología de la religión,* Cristiandad, Madrid 1978, p. 49.
6. Cfr. «Budismo y cristianismo: convergencias y divergencias». Declaración Final de un Coloquio Interreligioso: *Ecclesia* 2.801-2.802 (10-17 de agosto de 1996) 1.237-1.238.

ce de todos y que todos debemos acostumbrarnos a practicar:

– En primer lugar, el diálogo de la vida diaria, por el cual personas de diferentes religiones se esfuerzan por vivir en un espíritu de apertura y de buena vecindad.

– Muy relacionado con él, el diálogo que supone un compromiso común en las obras de justicia y liberación humana.

– Por último, el diálogo más profundo, que consiste en compartir experiencias religiosas de oración en una búsqueda en común del Absoluto, como se hizo en Asís, continuado después en los *Encuentros Interreligiosos* anuales. Seguramente son los «místicos» de las diversas religiones los que descubren con más facilidad las potencialidades de unión que éstas ofrecen. Es lo que Nicolás de Cusa, ya en su lejano siglo XV, llamó hermosamente «diálogo de santos»[7].

Naturalmente, el diálogo interreligioso no quita que la proclamación de Jesucristo sea el culmen o cumbre de la misión evangelizadora de la Iglesia; pero habrá circunstancias en las cuales, al menos por algún tiempo, será el único camino abierto para la misión[8].

---

7. NICOLÁS DE CUSA, *De pace fidei* (cit. por VIDAL, Jacques, «Tillich y Eliade», en [POUPARD, Paul, (dir.)] *Diccionario de las religiones,* Herder, Barcelona 1987, p. 1.752).
8. Cfr. PONTIFICIO CONSEJO PARA EL DIÁLOGO INTERRELIGIOSO y CONGREGACIÓN PARA LA EVANGELIZACIÓN DE LOS PUEBLOS, «Diálogo y anuncio»: *Ecclesia* 2.547 (28 de septiembre de 1991) 1.437-1.454.

6
El reto de las experiencias tecnológicas de alto riesgo

El fantasma de «un mundo feliz»

Quizás el principal problema que deberá afrontar la aldea planetaria en el futuro sea el enorme desarrollo que están alcanzando la ciencia y la técnica. El nuevo milenio se caracterizará, sin duda, por *experiencias tecnológicas límite* del más alto riesgo.

Ya en nuestros días el poder de destrucción del hombre se ha acrecentado tan enormemente que, si quisiéramos, podríamos acabar con toda la vida orgánica; y, sin duda, muy pronto estaremos en condiciones de destruir incluso la misma Tierra.

Era algo que se veía venir. Hace cien años, Renan afirmó que llegaría pronto el día en que unos pocos sabios tendrían en sus manos el explosivo capaz de volar el Planeta. Sin embargo, añadía que no había nada que temer, puesto que esos sabios serían al mismo tiempo prototipo de toda virtud. Pero ¿cómo podemos seguir manteniendo semejante confianza conociendo, como conocemos nosotros, la historia reciente?

Después de la Primera Guerra Mundial dijo Paul Valéry: «Ha hecho falta, sin duda, mucha ciencia para matar a tantos hombres»[1]. La Segunda Guerra

---

1. VALÉRY, Paul, «La Crise de l'esprit», en *Variété 1 et 2,* Galli-

Mundial puso de manifiesto que, con más ciencia, éramos capaces de matar muchísimos más hombres todavía. Hiroshima y Nagasaki se han convertido en un símbolo del poder destructor de la humanidad.

Y uno se pregunta si no llevaría razón el Mefistófeles de Goethe al decirle a Dios: «Algo mejor viviría el hombre si no le hubieras concedido ese destello de la celestial lumbre que él llama razón y del que tan sólo se sirve para portarse más animalmente que cualquier animal»[2].

Pero, como hacía notar Hannah Arendt[3], si preocupante es el poder destructor del hombre, no plantea menos interrogantes su poder creador. Desde hace varias décadas hemos comenzado a sembrar el espacio de estrellas fabricadas por el hombre, creando, por así decirlo, nuevos cuerpos celestes en forma de satélites que, una vez agotada su vida útil, se convierten en «basura espacial»; y todo hace pensar que en un futuro no muy lejano podremos lograr lo que las épocas anteriores a la nuestra consideraron como el secreto más grande, más profundo y más sagrado de la naturaleza: la creación o recreación del milagro de la vida. La clonación y las manipulaciones genéticas permitirán, dentro de poco, obtener animales –incluidos los seres humanos– estrictamente estandarizados, que respondan a normas bioindustriales precisas. No estoy fantaseando. El PTO (*Patents and Trade-mark Office,* equivalente norteamericano a los

---

mard, Paris 1978 (cit. en FINKIELKRAUT, Alain, *La humanidad perdida. Ensayo sobre el siglo XX,* Anagrama, Barcelona 1998, p. 95).

2. GOETHE, Johann W., *Fausto* (*Obras completas,* t. 3, Aguilar, Madrid 1973[4], pp. 1.299-1.300).

3. ARENDT, Hannah, *La condición humana,* Paidós, Barcelona 1996[2], p. 297.

registros de la propiedad industrial en Europa) dictaminó en 1987 que todos los organismos vivos multicelulares, incluidos los animales, eran potencialmente patentables. De hecho, ya se han patentado varios mamíferos genéticamente modificados.

¿Será posible que un día acabemos fabricando los seres humanos en serie, como en aquella pesadilla que Aldous Huxley llamó irónicamente «Un mundo feliz»[4]? Henri Atlan[5] afirma entusiasmado: «La ciencia y la tecnología parecen estar liberando poco a poco a los hijos de Adán y Eva de la maldición bíblica, del trabajo con esfuerzo y del parto con dolor». No sólo eso. La biotecnología permitirá «una liberación completa de la carga del alumbramiento... por lo menos para las mujeres que lo perciben como una carga». «El proceso de planificación positiva está en marcha, y probablemente culmine, a corto o medio plazo, en una separación total entre procreación y sexualidad. Los niños serían entonces producidos desde el principio (fecundación *in vitro,* clonación...) hasta el final (mediante una gestación artificial) fuera del cuerpo de la mujer». Reconoce el autor que «estamos todavía muy lejos de eso, en lo que concierne a la posibilidad de gestación extracorporal; pero, en principio, nada nos impide imaginar la solución de los numerosos problemas técnicos que presenta la elaboración de un útero artificial». Francis Fukuyama va todavía más lejos y predice que pronto la biotecnología nos habrá proporcionado las herramientas necesarias para abolir a los seres humanos propiamente dichos y fabricar un mundo donde sub-

4. HUXLEY, Aldous, *Un mundo feliz* (*Obras completas,* t. 1, Plaza & Janés, Barcelona 1970, pp. 189-403).
5. ATLAN, Henri, *Les Étincelles de hasard,* Seuil, Paris 1999.

hombres estarán al servicio de super-hombres[6]. Peter Sloterdijk pronunció en julio de 1999 una conferencia con el significativo título «Reglas para el parque humano»[7], donde usa palabras como «cría», «domesticación», etc.

La ciencia sin conciencia es la ruina del hombre

Aun cuando no se diga explícitamente, existe una especie de *imperativo tecnológico* que podríamos enunciar así: «factibile, faciendum»; es decir: si algo se puede hacer, *hay que hacerlo*. Yo diría que aquel pecado que el Génesis describe como afán de «ser como Dios» (Gn 3,5) se ha encarnado hoy en ese imperativo tecnológico; y no hace falta recordar la amenaza bíblica que le acompañaba: «Si comes de semejante fruta, acabarás por morir» (cfr. Gn 2,17).

No querría dar la sensación de que pretendo resucitar el mito de la caja de Pandora, según el cual el deseo de conocer ha llenado de desgracias la Tierra. Haría falta estar ciego para ignorar que la ciencia y la técnica han hecho también –y pueden hacer– mucho bien a la humanidad. Pero es necesario saber en qué direcciones es legítimo investigar y en cuáles no. Ya en 1532 afirmó Rabelais que «ciencia sin conciencia no es más que ruina del alma»[8]. Recientemente, la

---

6. FUKUYAMA, Francis, «La post-humanité est pour demain»: *Le Monde des Débats* (Juillet-Août 1999). Versión resumida: «La fin de l'histoire, dix ans après»: *Le Monde* (29 Septembre 1999).
7. SLOTERDIJK, Peter, «Règles pour le parc humain»: *Le Monde des Débats* (Octobre 1999).
8. RABELAIS, François, *Gargantúa y Pantagruel,* Aguilar, Madrid 1967, p. 203.

Congregación para la Doctrina de la Fe utilizó casi las mismas palabras: «La ciencia sin conciencia no conduce sino a la ruina del hombre»[9].

Kant planteó dos cuestiones fundamentales. La primera correspondía al conocimiento: ¿Qué puedo saber?, se preguntaba; y este interrogante fue el punto de partida de la *Crítica de la razón pura.* La segunda pregunta de Kant era de carácter moral: ¿Qué debo hacer?; y dio origen a la *Crítica de la razón práctica.* Quizá la problemática creada por el gigantesco poder de la ciencia actual nos exija combinar las dos preguntas de Kant en una sola, dando así lugar a una especie de hibridación de la cuestión respecto al saber y de la cuestión respecto al deber. De ahora en adelante, la pregunta decisiva será: *¿Qué debo saber?* Porque parece evidente que los sabios no tienen derecho a seguir investigando a su antojo, como niños que juegan[10]. Gracias a Dios, ya empieza a haber precursores de esta nueva sensibilidad; por ejemplo, «J. Robert Oppenheimer, que se opuso a seguir investigando sobre la bomba "H"; o Jacques Testart, especialista en investigación sobre el embrión y promotor de una lógica del no-descubrimiento, de una *ética de la no-investigación*»[11].

---

9. CONGREGACIÓN PARA LA DOCTRINA DE LA FE, *Donum vitae* (22 de febrero de 1987), n. 2: *Ecclesia* 2.310 (14 de marzo de 1987) 359.

10. En cierto modo, la tercera pregunta de Kant –«¿qué puedo esperar?»– ya llevaba implícita esa hibridación de la cuestión respecto al saber y de la cuestión respecto al deber (KANT, Inmanuel, *Crítica de la razón pura,* A 805, Alfaguara, Madrid 1988[6], p. 630). Como es sabido, en sus lecciones de Lógica, tardíamente redactadas por G.B. Jäsche, añadió una cuarta pregunta: «¿Qué es el hombre?».

11. LACROIX, Michel, *El humanicidio. Ensayo de una moral planetaria,* Sal Terrae, Santander 1995, p. 78. Merece la pena leer el

Resulta, pues, imprescindible una moral muy exigente en el mundo de la ciencia. Es mucho lo que nos jugamos. Pero la experiencia dice que, por desgracia, los códigos éticos suelen tener una eficacia limitada; y si la moral no es capaz por sí sola de orientar correctamente las investigaciones de los científicos, será necesario ayudarla con una legislación oportuna.

Pero esto difícilmente se conseguirá mientras haya espacio en nuestro mundo, en cuestiones tan decisivas, para éticas diversas e incluso antagónicas. Es necesario que en el nuevo milenio todas las religiones se unan en la elaboración de una ética mundial[12]. De hecho, el documento final de la última reunión del Parlamento Mundial de las Religiones (1993) trata de la «ética mínima» que debe ser respetada por todos si queremos superar los grandes problemas que aquejan a la humanidad[13].

último libro de Jacques TESTART: *Des hommes probables* (Seuil, Paris 1999).

12. Cfr. KÜNG, Hans, *Proyecto de una ética mundial,* Trotta, Madrid 1991.
13. Hay una traducción castellana de dicho documento: PARLAMENTO DE LAS RELIGIONES DEL MUNDO, «Principios de una ética mundial»: *Isegoría* 10 (1994) 7-21.

7
El reto de la increencia

Escribía Aristóteles, allá por el siglo IV a.C., que todos los pueblos, tanto griegos como bárbaros, tienen un concepto de Dios[1]. Y así ha sido, en efecto, prácticamente hasta nuestros días.

Desgraciadamente, desde que comenzaron los tiempos modernos estamos asistiendo a una mutación gigantesca. Por primera vez en la historia de la humanidad, parece que mucha gente es capaz de vivir sin religión. Y, lo que es más sorprendente, han despedido a las creencias milenarias sin derramar una sola lágrima por ellas. Comenta Fraijó: en nuestra época, «Dios parece estar tan muerto que ni de su muerte se habla»[2].

Consideramos que esa indiferencia ante las cuestiones religiosas es uno de los fenómenos más tristes del mundo en que vivimos. Como escribió Heinz Zahrnt, «hace falta haber visto una vez, en un viaje por el Mediterráneo, la multiplicidad de lugares de culto –pirámides de Egipto, templos antiguos, sinagogas judías, iglesias cristianas, mezquitas mahometanas, santuarios antiquísimos de los que no se sabe siquiera qué religión habitó en ellos, y otros total-

---

1. ARISTÓTELES, *Del cielo,* 270 b (*Obras*, Aguilar, Madrid 1977², p. 714).
2. FRAIJÓ, Manuel, *El futuro del cristianismo,* SM, Madrid 1996, p. 12.

mente recientes, creados por una religión que acaba de establecerse– para experimentar, en toda su fuerza, la tesis del "fin de la religión". (...) Quien se aleja sin impresionarse de esta corriente, la más intensa del pensar y el vivir humanos, el que despide a Dios sin experimentar ni dolor ni odio para servirse en el futuro solamente de computadoras (...) para nosotros es, simplemente, un bárbaro espiritual»[3].

Intencionadamente he querido situar este reto de la increencia en la primera parte del libro, dedicada a los «grandes problemas de la humanidad». La increencia ambiental es, sin duda, un reto para los creyentes –y con él comenzaremos la segunda parte del libro–; pero antes todavía es un problema para quienes no creen.

Todos hemos citado más de una vez la famosa frase de Henri de Lubac, que Pablo VI hizo suya: ciertamente, el hombre puede organizar la tierra sin Dios, pero «lo cierto es que sin Dios no puede, en fin de cuentas, más que organizarla contra el hombre. El humanismo exclusivo es un humanismo inhumano»[4].

Hoy quizá somos más cautos antes de hacer una afirmación tan rotunda, porque pensamos –con Juan Pablo II– que Dios «ha asumido el camino del hombre y lo guía, incluso cuando éste no se da cuenta»[5]. Pero, aunque Dios pueda guiar al hombre sin que éste se dé cuenta, no por eso dejamos de considerar que el desinterés actual por las cuestiones religiosas es una de las mayores amenazas de nuestro tiempo.

---

3. ZAHRNT, Heinz, *Dios no puede morir,* Desclée de Brouwer, Bilbao 1971, pp. 27-28.
4. LUBAC, Henri de, *El drama del humanismo ateo,* EPESA, Madrid 1967[2], p. 11; PABLO VI, *Populorum progressio,* 42 (*Once grandes mensajes,* BAC, Madrid 1992[14], p. 347).
5. JUAN PABLO II, *Centesimus annus,* 62 c (*Once grandes mensajes,* p. 809).

¿Qué sucedería –se preguntaba Rahner– si un día la palabra «Dios» desapareciera sin dejar huella? Y respondía: sólo podemos decir que el hombre «dejaría de ser un hombre. Habría realizado una evolución regresiva para volver a ser un animal hábil»[6]. En términos semejantes se expresó en un escrito posterior: si algún día hubiera «seres humanos que, por principio y en cualquier momento de su existencia, fueran incapaces de oír la palabra "Dios", (...) significaría que los hombres, como individuos o como colectividad, habrían retrocedido al nivel de simples animales dotados de un cierto ingenio»[7].

Para los creyentes, el reto de la increencia se convierte así en el reto de la evangelización. Lo malo es que, al haberse producido ese abandono masivo del cristianismo en Europa en sólo unas pocas décadas, ha cundido una sensación de desánimo y se ha apoderado de los creyentes «una especie de afasia que casi ha hecho desaparecer por completo el elemento religioso del vocabulario corriente»[8]. Por eso comenzaremos la segunda parte afrontando este problema.

---

6. RAHNER, Karl, *Curso fundamental sobre la fe,* Herder, Barcelona 1979, p. 70.
7. RAHNER, Karl, *Palabras de Ignacio de Loyola a un jesuita de hoy,* Sal Terrae, Santander 1990, p. 38.
8. BISER, Eugen, *Pronóstico de la fe,* Herder, Barcelona 1994, p. 181.

SEGUNDA PARTE

LOS GRANDES PROBLEMAS DE LA IGLESIA

Llega el momento de reflexionar sobre los grandes retos de carácter interno que deberá abordar la Iglesia en el tercer milenio. Es posible que varios de los capítulos de esta segunda parte nos resulten más difíciles de aceptar que los de la primera, porque cuesta menos hablar de las asignaturas pendientes de «la humanidad» –aunque nosotros formemos parte de ella– que de las nuestras. Además, ya no estamos en los años sesenta, cuando la Iglesia–en palabras de Pablo VI– experimentó «una necesidad generosa y casi impaciente de renovación»[1]. Sin embargo, no podemos omitir esta segunda parte. La teología pastoral –que no estudia el ser de la Iglesia (como la eclesiología), sino su actuar histórico– es inevitable que ejerza una función crítica al interior de la comunidad creyente[2].

---

1. PABLO VI, *Ecclesiam suam,* 8 (*Once grandes mensajes*, BAC, Madrid 1992[14], p. 270).
2. Cfr. RAMOS GUERREIRA, Julio, *Teología Pastoral,* BAC, Madrid 1995, p. 16.

1
El reto de la diáspora

El futuro del cristianismo occidental

Tillard publicó, no hace mucho, un artículo cuyo título era provocativo: «¿Somos los últimos cristianos?». No faltan motivos para hacerse una pregunta semejante. El cristianismo desaparecería si una generación de creyentes –la nuestra, en este caso– no fuera capaz de transmitir la fe a la siguiente. Y algo de eso parece estar ocurriendo en nuestros días, al menos en Occidente. Una de las constataciones más dolorosas para quienes nos consideramos creyentes en la España actual es que, entre los jóvenes, la Iglesia ha desaparecido prácticamente de la lista de instancias capaces de aportar ideas válidas para orientarse en la vida.

Según el Informe sobre los jóvenes españoles que realizó en 1989 la Fundación Santa María, sólo 16 de cada cien jóvenes consideraban que la Iglesia decía cosas importantes en cuanto a ideas e interpretaciones del mundo[1]. La cruda verdad –comentaba uno de los redactores de aquel Informe– es que «la Iglesia suena a viejo, a pasado, a otra época, para la gran mayoría de los jóvenes»[2]. Pues bien, ese porcentaje

---

1. VV.AA., *Jóvenes españoles 89,* Fundación Santa María, Madrid 1989, p. 33.
2. ELZO, Javier, «Actitudes de los jóvenes españoles ante el tema religioso», en (VV.AA.) *Jóvenes españoles 1989,* p. 297.

–que ya entonces resultaba ridículo– descendió todavía más cinco años después (en 1994), hasta quedarse en un insignificante 4%. Exceptuando los partidos políticos –que andaban a la par que la Iglesia–, los jóvenes españoles consideraban que en cualquier otro sitio se decían cosas más interesantes para orientarse en la vida: en la familia (51%), entre los amigos (35%), en los medios de comunicación social (31%), en los centros de enseñanza (21%), en los libros (20%)...[3] Y lo peor es que, pasados otros cinco años, en 1999, ha habido un nuevo retroceso, y ya no llegan ni siquiera al 3% (se quedan exactamente en el 2,7%) los jóvenes que dicen escuchar en la Iglesia cosas importantes para orientarse en la vida. Debería hacernos pensar que, incluso entre los jóvenes que se consideran católicos practicantes, sólo el 10% encuentran en la Iglesia orientaciones válidas para su vida[4]. Se supone que la Iglesia católica tiene «palabras de vida eterna»; pero, interrogados los jóvenes españoles sobre los lugares donde oyen cosas interesantes, citan todos los lugares menos la Iglesia.

Lo dicho hasta aquí no se contradice con la espectacular concentración de jóvenes –más de dos millones, llegados de todos los rincones del mundo– que tuvo lugar en Roma con motivo del Jubileo 2000. Fue un acontecimiento que hizo pensar incluso a los no creyentes: «Iban vestidos como todos los chicos y chicas, camisetas y hombros desnudos, algo más tapados cuando asistían a las funciones, pero después invadieron la ciudad ardiente, la noche amiga, y a veces con el chico o la chica del alma en el saco.

3. Vv.Aa., *Jóvenes españoles 94,* Fundación Santa María, Madrid 1994, p. 62.
4. Vv.Aa., *Jóvenes españoles 99,* Fundación Santa María, Madrid 1999, p. 295.

Realmente eran jóvenes, no todos los jóvenes, desde luego, pero no sólo una tribu devota y amaestrada. (...) Y esto, confesémoslo, nos ha preocupado y nos ha fastidiado a los laicos. (...) La verdadera pregunta para nosotros, los laicos irritados, es por qué el catolicismo es capaz, en los albores del 2000, de lanzar estas grandes reuniones, y nosotros no»[5]. Sin embargo, no deberíamos caer en el triunfalismo. Es verdad que ese número resulta espectacular cuando están todos juntos, pero apenas se hace notar en el conjunto de los jóvenes. Y, además, acabamos de ver que un joven puede declararse católico, incluso practicante, sin apenas identificarse con lo que dice la Iglesia. Por eso ninguna persona consciente puede despreciar la provocativa pregunta de Tillard: ¿Seremos quizá nosotros los últimos cristianos?

El teólogo canadiense respondía: instintivamente, digo que no, que no seremos los últimos cristianos, ya que creo, con toda la gran tradición cristiana –tanto la ortodoxa como la católica o la protestante–, que Dios, en su fidelidad hacia la humanidad, no dejará que se apague la luz que su Hijo encendió. Y luego añadía: «Este "no", dicho instintivamente, lo considero como un "no" surgido de mi *sensus fidei* y, por tanto, del Espíritu»[6].

Después de hacer nuestra la respuesta instintiva de Tillard, intentaremos justificarla de algún modo. Recordamos, por ejemplo, que durante la segunda mitad del siglo XIX y la primera mitad del XX fueron innumerables las voces de racionalistas, positivistas y marxistas que anunciaron el próximo final del cris-

---

5. ROSSANDA, Rossana, «La afasia de los laicos»: *El País* (25 de agosto de 2000) 9.
6. TILLARD, Jean-Marie, «Nosaltres, som els darrers cristians?»: *Qüestions de Vida Cristiana*: 190 (1998) 17.

tianismo. A veces, incluso estableciendo una fecha límite para ello, como cuando Comte afirmó en abril de 1851 que antes de 1860 estaría predicando el positivismo en la catedral de Notre-Dame, de París[7]. Sin embargo, hoy son todos esos movimientos intelectuales los que han desaparecido, o al menos han perdido vigencia, mientras el cristianismo, por muchos problemas que tenga, sigue en pie.

Ocurre además que, nada más nacer, al cristianismo se le dio ya por moribundo. El apóstol Pablo, en su *Segunda Carta a los Corintios,* alude a este diagnóstico no sin ironía: «Estamos al borde de la muerte, pero seguimos con vida» (2 Cor 6,9-10). De hecho, aunque ese diagnóstico pesimista no se ha dejado de escuchar desde hace dos mil años, aquí estamos todavía. Hasta el momento, han sido siempre nuestros presuntos enterradores quienes han ido bajando a la fosa.

Sin duda, lleva razón van de Pol: «El futuro de la Iglesia y del cristianismo depende primariamente de Dios y no del hombre. Dios puede, por tanto, confundir las mejores predicciones fundadas en hechos, como ha sucedido frecuentemente en la historia»[8].

Contamos, desde luego, con aquella promesa de Jesús de que las fuerzas del mal no prevalecerán sobre la Iglesia (Mt 16,18); pero también somos conscientes de que eso no nos garantiza que la Iglesia llegará al final de los tiempos pujante. Papini, en el *Juicio Universal,* pone este discurso en boca del último Papa de la historia, al que llama Paulo VII: «Los cristianos, en mi tiempo, estaban reducidos a unos

---

7. Cit. en LUBAC, Henri de, *El drama del humanismo ateo,* EPESA, Madrid 1967[2], p. 169.
8. POL, W.H. van de, *El futuro de la Iglesia y del cristianismo,* Desclée de Brouwer, Bilbao 1973, p. 249.

pocos millares que habían de ocultar su fe como una enfermedad vergonzosa. (...) Hacía tiempo que los Papas habían tenido que abandonar Roma y la Sede Apostólica. Yo mismo vivía en una choza en los suburbios de Jerusalén. (...) No tenía conmigo más que a doce sacerdotes consagrados. (...) Todos estaban sujetos al trabajo de sus manos; el mismo Vicario de Cristo tenía que ganarse el pan y el vestido tejiendo esteras»[9]. Naturalmente, no tienen por qué ser así las cosas, pero tampoco podemos descartar ese final. Al fin y al cabo, el mismo Jesús se preguntó melancólicamente: «Cuándo venga el Hijo del hombre, ¿encontrará fe en la tierra?» (Lc 18,8).

En todo caso, lo que la promesa de Jesús no garantiza en modo alguno es que la Iglesia vaya a mantenerse vigorosa en todos los lugares donde tuvo una rica presencia en el pasado. Pensemos, por ejemplo, en la situación de Asia Menor (hoy Turquía), una región que durante los primeros siglos fue testigo de un florecimiento excepcional del cristianismo. Allí realizó San Pablo sus primeras misiones apostólicas; aquél fue el país que atravesó Ignacio de Antioquía camino de su martirio, siendo recibido de ciudad en ciudad por unas comunidades cristianas llenas de vida; allí vivió Policarpo de Esmirna, y allí nació Ireneo de Lyon. Allí, o en su frontera europea, se celebraron los siete primeros concilios ecuménicos (Nicea I y II, Constantinopla I, II, III, Éfeso y Calcedonia). En los siglos IV y V –la edad de oro de la patrística–, grandes obispos como San Basilio el Grande y sus amigos de Capadocia desarrollaron allí una teología trinitaria de la que aún vive la Iglesia. Pero de

9. PAPINI, Giovanni, *Juicio Universal* (*Obras,* t. 5, Aguilar, Madrid 1964, p. 202).

repente llegó el Islam y se lo tragó todo. Santa Sofía –la basílica más célebre de la cristiandad, que fue construida por Justiniano– ha sido durante mucho tiempo una mezquita y ahora es un museo. De los 54 millones de habitantes del país, sólo 140.000 son cristianos.

Una meditación semejante podríamos hacer a propósito del Norte de África, el país de Tertuliano, de San Cipriano y de San Agustín. Antes de la invasión musulmana llegó a tener trescientas diócesis, y hoy sólo quedan unas pocas comunidades; pequeño resto –ejemplar y hasta heroico en su valor de testimonio– de aquel antiguo esplendor.

De ahí que esté perfectamente justificado preguntarnos por el futuro del cristianismo en nuestros países occidentales (en el conjunto del mundo, cada año aumentan los católicos en 14 millones; el 2,4% debido a conversiones, y el resto como consecuencia del crecimiento demográfico).

Fin del cristianismo convencional

Tillard afirmaba: no somos los últimos cristianos, pero sí somos «los últimos testigos de una cierta manera de ser cristiano»[10]. Se ha terminado, desde luego, lo que van de Pol llamó el cristianismo «convencional». «Una religión es convencional –explicaba el teólogo holandés– en la medida en que las prácticas y convicciones religiosas son tenidas por buenas y verdaderas, no porque se asienten en la meditación personal, (...) sino porque así se ha aprendido»[11].

---

10. TILLARD, Jean-Marie, *art. cit.*, p. 13
11. POL, W.H. van de, *El final del cristianismo convencional,* Carlos Lohlé, Buenos Aires 1969, p. 25.

Durante los tres o cuatro primeros siglos no existieron cristianos convencionales. Los seguidores de Cristo, para serlo, necesitaban romper con el ambiente hostil que les rodeaba. Aun después, nunca han faltado en la Iglesia creyentes auténticamente convencidos –pensemos en los místicos, los fundadores de órdenes y congregaciones religiosas, los reformadores y los pioneros de los movimientos laicales...–; pero seguramente no exagero si digo que para la mayor parte de los bautizados el cristianismo se convirtió en un convencionalismo que daba a toda su existencia una sensación de seguridad y resguardo. Si hasta el siglo IV la adhesión al cristianismo se podía pagar con la vida, desde entonces no sólo dejó de ser peligroso, sino que se hizo provechoso e incluso necesario. Pues bien, eso es lo que ha terminado en Occidente quizá para siempre.

Como hizo notar Rahner hace ya muchos años, los cristianos europeos vivimos, por primera vez desde el siglo IV, en situación de diáspora[12]. La palabra griega διασπορά (*diasporá*) significa «dispersión» y fue muy común en el vocabulario judeocristiano de los primeros siglos. Designaba la «dispersión» de los judíos, y luego la de los cristianos, en medio de un mundo pagano. Recordemos, por ejemplo, el comienzo de la Primera Carta de Pedro: «Pedro, apóstol de Jesucristo, a los que viven como extranjeros en la Diáspora: en el Ponto, Galacia, Capadocia, Asia y Bitinia...» (1 Pe 1,1; cfr. Sant 1,1).

Esto obligará a vivir la fe con unos rasgos nuevos que intentaremos explorar a continuación.

---

12. RAHNER, Karl, *Misión y gracia,* t. 1, Dinor, San Sebastián 1966, pp. 58-71.

Rasgos del cristianismo futuro

Personas con experiencia de Dios

Casi todos los españoles famosos a quienes Gironella preguntó en 1969 si creían en Dios respondieron afirmativamente[13]. Se ve que por aquellos años apenas había comenzado la desafección religiosa en nuestro país. Lo curioso es que, al preguntarles a continuación si habían tenido alguna experiencia de tipo religioso, respondieron negativamente. Por lo visto, todo el mundo creía en Dios, pero nadie tenía experiencia de Dios.

Veinticinco años después, interrogó a otros cien españoles famosos. Esta vez, aproximadamente la mitad creían en Dios y la otra mitad no. Pero, igual que había ocurrido en la primera encuesta, casi todos los que se declararon creyentes dijeron no haber tenido nunca ninguna experiencia religiosa digna de mención. José Mª Aznar añadió incluso: «Tampoco la espero ni experimento deseo alguno de ella»[14].

Un teólogo pondría de manifiesto enseguida la contradicción que hay detrás de esas dos respuestas, dado que lo más importante de la fe no es la adhesión intelectual a unas verdades, sino precisamente la experiencia íntima de Dios[15]. Y un sociólogo añadiría que muy pronto será imposible creer en Dios sin algún tipo de experiencia personal del Misterio.

---

13. Cfr. GIRONELLA, José María, *Cien españoles y Dios,* Nauta, Barcelona 1971.
14. GIRONELLA, José Mª, *Nuevos 100 españoles y Dios,* Planeta, Barcelona 1994, p. 50.
15. Cfr. el capítulo titulado «La fe, ¿conocimiento o sensación de Dios?» de mi libro *Esta es nuestra fe. Teología para universitarios* (Sal Terrae, Santander 1999[15], pp. 163-175).

En efecto, al carecer la fe de los apoyos externos que tuvo en otros tiempos, será imprescindible interiorizarla. En el pasado –todavía en los años sesenta, como acabamos de ver–, bastaba con dejarse llevar para ser cristiano. En el futuro, quien se deje llevar, precisamente por eso, dejará de ser cristiano. Acertaba, sin duda, Rahner cuando escribió que «el cristiano del futuro o será un "místico", es decir, una persona que ha "experimentado" algo, o no será cristiano»[16].

Quizá la palabra «místico» suene demasiado fuerte. Pero el mismo Rahner matizaba su significado cuando añadió que se refería simplemente a «una persona que ha experimentado algo». La experiencia mística puede alcanzar grados muy diferentes de intensidad. Existen, desde luego, las experiencias cumbre de genios como Teresa de Jesús o Juan de la Cruz, pero también existe lo que podríamos llamar una «mística de baja intensidad»; es decir, la de quienes no se contentan con aceptar las noticias sobre Dios que les ha transmitido la Iglesia, sino que entran en contacto personal con Él. Son personas que, a partir de un momento determinado, pueden decir, como Job: «Te conocía sólo de oídas, pero ahora te han visto mis ojos» (Job 42,5). Como escribía hace poco Juan Martín Velasco, entre quienes realizan la experiencia mística en sus grados más elementales y quienes la realizan en sus niveles altos hay «menos distancia que la que separa a los primeros de los que "no han pasado por ahí"; de los que, por muy meticulosa que sea su práctica religiosa y por muy extenso y profundo que sea su conocimiento de las doctri-

16. RAHNER, Karl, «Espiritualidad antigua y actual», en *Escritos de Teología,* t. 7, Taurus, Madrid 1969, p. 25.

nas religiosas, no han realizado personalmente, no han vivido el contacto con el Misterio al que se refiere su fe»[17].

Son de sobra conocidas las reticencias que provoca la expresión «experiencia de Dios». Yo mismo las he sufrido cada vez que hablo de este tema. Los filósofos y los teólogos objetan que Dios nunca podrá ser objeto de experiencia como cualquier otra realidad de este mundo. Piensan quizá que la experiencia de Dios implicaría algún tipo de fenómenos extraordinarios de carácter parapsicológico –recuérdese que Manuel García Morente calificó precisamente como «hecho extraordinario» lo que vivió aquella memorable noche del 29 al 30 de abril de 1937 en París[18]–, y recuerdan que el mismo San Juan de la Cruz desconfiaba de tales fenómenos[19]. El hombre de la calle, por su parte, piensa que la experiencia de Dios es un fenómeno de tipo sentimental, propio de personas fácilmente sugestionables, y su espíritu crítico le lleva a desconfiar.

Para mí, lo más cómodo sería limitarme a decir, con Jung: «Es indiferente lo que piensa el mundo en punto a experiencia religiosa: quien la tiene, posee como inestimable tesoro algo que se convirtió para él

17. MARTÍN VELASCO, Juan, *El fenómeno místico,* Trotta, Madrid 1999, p. 291.
18. Cfr. GARCÍA MORENTE, Manuel, *El «Hecho Extraordinario»,* Rialp, Madrid 1996.
19. «Las obras y milagros sobrenaturales –decía el Santo– poco o ningún gozo del alma merecen» (JUAN DE LA CRUZ, *Subida del Monte Carmelo,* lib. 3, cap. 30, n. 4 [*Vida y obras de San Juan de la Cruz*] BAC, Madrid 1974[8], p. 599); «no es de condición de Dios que se hagan milagros, que (como dicen) cuando los hace, a más no poder los hace» (*Ibidem,* lib. 3, cap. 31, n. 9 [p. 602]); «las cosas raras y de que hay poca experiencia son más maravillosas y menos creíbles» (*Llama de amor viva,* canc. 1, n. 15 [p. 898]).

en fuente de vida, sentido y belleza, otorgando nuevo brillo al mundo y a la humanidad»[20]. Pero pienso que quizá pueda prestar un pequeño servicio a algunos lectores explicando con sencillez lo que yo –un «místico de baja intensidad», por servirme de la terminología empleada más arriba– entiendo por experiencia de Dios.

Desde luego, siendo Dios el «Totalmente Otro», la experiencia de Él no se asemeja en absoluto a la experiencia que podemos tener de las realidades intramundanas. Y, sin embargo, se da en relación con alguna experiencia intramundana (casi siempre, por otra parte, muy «ordinaria»). La experiencia de Dios es, sencillamente, *una experiencia humana con una interpretación religiosa.* Lo explicaré con un ejemplo personal, aunque para ello necesite superar un explicable pudor a hacer públicas vivencias muy íntimas.

Después de mi ordenación, varios amigos coincidieron en preguntarme qué se sentía «siendo cura». Al principio yo les respondía que me sentía a veces como un robot al que dirigían desde lejos. Me ocurrían cosas que no acertaba a expresar de otra forma. Por ejemplo, una tarde, cuando estaba a punto de comenzar la eucaristía en la parroquia, llamaron desde el Hospital Oncológico provincial para ver si podía sacarles de un apuro, porque les había fallado el sacerdote que se había comprometido a celebrarla allí con los enfermos. No lo pensé dos veces. Encargué a un niño que estaba jugando a la puerta de la iglesia que buscara al otro sacerdote para que me sustituyera en la parroquia, cogí el coche y me fui al

---

20. JUNG, Carl Gustav, *Psicología y religión,* Paidós, Barcelona 1987^2, p. 167.

«Onco». Por el camino se me ocurrió pensar que había actuado con demasiada precipitación. Podría ocurrir que no encontraran al otro sacerdote y, «para vestir a un santo, desvestía a otro». Pero, como la cosa ya no tenía arreglo, seguí adelante. Como otras veces, después de celebrar la eucaristía en el salón de actos del Oncológico, recorrí las plantas llevando la comunión a quienes no podían levantarse de la cama. Al regresar al salón de actos, estaba esperándome una mujer joven llorando como una Magdalena. Me explicó que no había pisado la iglesia desde que salió del colegio –de hecho, estaba casada civilmente– y aquella tarde, subiendo en el ascensor para visitar a su madre que estaba internada, oyó a unos enfermos que iban a misa y, sin saber muy bien por qué, les siguió. Algo le había impactado –no sabía si fue la homilía o el ver a enfermos como su madre participando en aquella celebración– y sintió la necesidad de reconciliarse con aquel Dios de su infancia que tan olvidado tenía. Quería confesarse allí mismo. Yo le dije que la confesión convenía madurarla un poco más. Estuvimos hablando mucho rato. Luego fue varias veces por la parroquia con su marido y acabó confesándose. Yo pensaba: ¿Quién me mandaría ir aquella tarde al «Onco»? (porque, tal como temía, en la parroquia se quedaron sin misa; no encontraron al otro sacerdote). Y respondía que me sentía como «un robot dirigido desde lejos».

Pondré todavía un segundo ejemplo. Otro día, al salir de Madrid recogí a tres auto-stopistas y, para mi sorpresa, nada más subir al coche, empezaron a decir burradas de la Iglesia y de los curas. Al cabo de un rato, corregí una información completamente distorsionada que tenían. Cuando, poco tiempo después, corregí una segunda información, uno de ellos comentó: «Oye, tú entiendes mucho de esto, ¿no?». Respondí con sencillez: «Sí, es que yo soy cura». Se produjo entonces un silencio embarazoso. Luego uno de ellos lo rompió para pedirme perdón –llamándome de usted, por cierto– por «haber hablado de lo que no entendían». Yo quité importancia al asunto, y en seguida empezamos a hablar de cuestiones religiosas en un tono completamente distinto. Al despedirse me preguntaron en qué parroquia estaba. A dos de ellos no volví a verlos nunca, pero el otro fue por la parroquia y acabó incorporándose al grupo de jóvenes. Y cuando yo me preguntaba «¿quién me mandaría, precisamente *aquel* día, recoger a esos tres auto-stopistas?» (porque no suelo hacerlo habitualmente), volvía a contestarme a mí mismo que me sentía «como un robot dirigido desde lejos».

Podría seguir recordando otros casos parecidos, pero estos dos bastan para explicar lo que quiero decir; además, ya he pasado bastante apuro contándolos. Un día, meditando sobre los Hechos de los Apóstoles, se me abrieron los ojos de repente. Al releer aquel episodio en el que *el Espíritu Santo* mandó a Felipe ponerse en camino a través del desierto –es decir, por una ruta un tanto «absurda» para cualquier evangelizador, porque lo lógico era no cruzarse con nadie– y se encontró con el carro detenido de aquel ministro etíope a quien, tras una conversación, acabaría bautizando (Hch 8,26-39), caí en la cuenta de que tenía cierto «aire de familia» con las cosas que a mí me estaban ocurriendo. En seguida empecé a rememorar otras expresiones parecidas que hasta entonces me habían resultado un tanto herméticas: «el Espíritu Santo dijo: "separadme a Bernabé y a Saulo para la misión que les he encomendado"» (Hch 13,2); «el Espíritu me dijo que fuera con ellos sin dudar» (Hch 11,12); «intentaron dirigirse a Bitinia, pero el Espíritu Santo no se lo permitió» (Hch 16,7); etc., etc. De modo –me dije– que lo de «un robot dirigido desde lejos» era, sencillamente, ¡estar guiado por el Espíritu Santo!

Naturalmente, yo había estudiado teología y «sabía» que el Espíritu Santo actúa *desde dentro* de los hombres, pero hasta entonces no tenía *experiencia* personal de ello. Y habría seguido sin tener experiencia si la palabra de Dios no me hubiera facilitado la clave que necesitaba para *interpretar* correctamente lo que me estaba pasando. Torres Queiruga explica muy bien que la palabra de Dios descubre a los oyentes el significado profundo *que los acontecimientos llevan en sus entrañas*[21]. El profeta *no crea ese significado* ni enfrenta a los demás testigos con algo incontrolable que sólo pueda ser aceptado ciegamente, sino que, «desde dentro» de la experiencia común, descubre algo que no era visible sin más de forma espontánea, pero que, una vez descubierto, puede ser «verificado» por los demás sin tener que seguir dependiendo de sus palabras. En seguida los oyentes del profeta «se reconocen» en sus palabras. Lo que estoy diciendo aparece con mucha claridad en el encuentro de Jesús con la samaritana. Ésta dio testimonio de lo que había descubierto en Jesús ante los habitantes de aquel pueblo. Ellos pasaron dos días escuchándola y, al final, dijeron a la samaritana: «Ya no creemos por tus palabras. Nosotros mismos hemos oído y sabemos que éste es verdaderamente el Salvador del mundo» (Jn 4,42). Seguramente, aque-

21. Cfr. TORRES QUEIRUGA, Andrés, *La revelación de Dios en la realización del hombre*, Cristiandad, Madrid 1987, especialmente pp. 117-146.

llos hombres nunca habrían descubierto solos quién era Jesús; pero, cuando la mujer samaritana les facilitó la clave de interpretación que necesitaban, pudieron verificarlo por sí mismos.

Pues bien, esto tan sencillo es la *experiencia de Dios.* Nada tiene que ver, por lo tanto, con visiones ni levitaciones –yo nunca me he desplazado de un lado para otro volando, como San José de Cupertino–, pero puedo asegurar que, cuando se produce, es una fuente de gozo inefable. ¡Qué razón tenía Unamuno al decir que «una nueva idea de Dios es como un nuevo nacimiento»[22]! Confío que ahora no suenen ya excesivas las palabras de Rahner citadas más arriba: «El cristiano del futuro o será un "místico", es decir, una persona que ha "experimentado" algo, o no será cristiano».

Naturalmente, necesitamos vivir un proceso semejante al que he descrito con todas y cada una de las verdades de la fe. Cuando decimos, por ejemplo, que «Dios es Padre», que «Jesús nos salva», etc., es imprescindible que esas fórmulas evoquen experiencias personales. Pero no tema el lector, que ya no le voy a contar de qué forma experimento yo todo eso.

Como hemos visto, es en la oración meditativa donde el creyente, al confrontar su vida con la palabra de Dios, aprende a *interpretar religiosamente* lo que está viviendo; y de esta forma descubre que Dios es «más interior que lo más íntimo mío»[23]. En consecuencia, la fidelidad a la oración es una cuestión de vida o muerte para el creyente.

---

22. UNAMUNO, Miguel de, *Diario íntimo* (*Obras completas,* t. 8, Escélicer, Madrid 1966, p. 784).
23. AGUSTÍN DE HIPONA, *Confesiones,* lib. 3, cap. 6, n. 11 (*Obras completas de San Agustín,* t. 2, BAC, Madrid 1968[5], p. 142).

He aquí un testimonio sobrecogedor. El 12 de mayo de 1530, cuando Martín Lutero había dejado de rezar la liturgia de las horas por falta de tiempo, igual que había abandonado la oración personal y la celebración de la eucaristía, escribió en una carta a su amigo Melanchton las siguientes palabras: «¡Ay de ti, y por lo que más quieras! No permitas que tu cabeza se eche a perder como ha sucedido con la mía; te ordeno a ti y a todo tu acompañamiento, bajo anatema (...) que no te mates y luego quieras fingir que lo has hecho para servir a Dios. A Dios también se le sirve en el ocio; mejor dicho, con nada se le sirve mejor que con el descanso, y por eso puso tanto empeño en la rigurosa observancia del sábado. No menosprecies esto. Lo que te digo es palabra de Dios. Tu Martinus Luther»[24].

El otro testimonio es más reciente. Hace ya treinta años, una encuesta realizada entre sacerdotes italianos que habían renunciado al ministerio reveló que el 95% de los mismos habían abandonado la oración antes de solicitar la secularización[25].

Muy pronto ocurrirá que, sin oración, se abandonará no ya el ministerio, sino la fe. La necesidad de mantenerse fieles a la oración se acentuará en los cristianos del futuro, que deberán ser personas curtidas en la prueba, puesto que les resultará inherente una especie de soledad; una dolorosa sensación de ir a contracorriente.

---

24. LUTERO, Martín, *Obras,* Sígueme, Salamanca 1977, p. 413.
25. BURGALASSI, Silvano, «El drama de los "ex": ¿una opción ilusoria?», en (VV.AA.) *¿Hay un mañana para el sacerdote?,* EDICUSA, Madrid 1969, p. 138.

Radicalidad evangélica

Cuando leemos los Hechos de los Apóstoles, nos fascina el entusiasmo de aquellos primeros seguidores de Jesús. Si les llevaban ante un tribunal, aprovechaban la ocasión para predicar a los jueces (Hch 4,8-12; 5,29-32); si una persecución les obligaba a huir, iban anunciando el Evangelio por el camino (Hch 8,4)...

He empleado intencionadamente la palabra «entusiasmo», que viene del griego ἔν-Θεος (*én-Theós*) = «poseído por Dios». La experiencia del entusiasmo consiste en sentirse poseído por una energía extraordinaria que convierte en pequeñas las mayores dificultades e impulsa a tomar iniciativas de envergadura; o, como define el Petit Robert, «una emoción intensa que impulsa a la acción con alegría»[26]. Así eran los primeros seguidores del Nazareno.

Nuestra tragedia fue que el cristianismo, de la noche a la mañana, se convirtió en la religión oficial de un gran imperio. Las catacumbas y las persecuciones fueron pronto tan sólo un recuerdo en los libros de historia. Y aquellas palabras de Jesús relativas a la necesidad de cargar con la cruz para ser discípulos suyos (cfr. Mt 10,38-39; Lc 14,27) simplemente dejaron de tener sentido. Empezó entonces aquello que Max Weber llamó «el retorno de los revolucionarios a la vida cotidiana» (*die Veralltäglichung der Revolution*)[27], que fue fomentado hasta ayer mismo, al menos para los cristianos laicos. Lorenzo Gomis recuerda: «Cuando era joven, fui a consultar sobre

---

26. MARINA, José Antonio, y LÓPEZ PENAS, Marisa, *Diccionario de los sentimientos,* Anagrama, Barcelona 1999, p. 98.
27. WEBER, Max, *Economía y sociedad,* Fondo de Cultura Económica, México 1979^{4}, pp. 199-204.

mi vida interior a un capuchino que se llamaba Bernardo de Echalar. Me dijo que no quisiera volar como las águilas, porque quizá me caería de más arriba, y que me contentara con revolotear como las gallinitas». Y comenta: «Le hice caso, quizá demasiado»[28].

En nuestros días parece haberse consumado ese retorno de los antiguos revolucionarios a la vida cotidiana. Juan González-Anleo ha propuesto el nombre de «religión *light*» para designar esa religiosidad cómoda, poco exigente, coexistente con otras lealtades, que caracteriza a muchísimos creyentes de nuestros días[29].

Por otra parte, también el ateísmo ha vivido un proceso semejante. Aquellos ateos decimonónicos que atacaban apasionadamente la idea de Dios dieron paso primero a los agnósticos –una especie de «ateísmo práctico en la mayoría de los casos»[30], como dice Puente Ojea– y, por fin, a los indiferentes.

De este modo, nos encontramos hoy con un montón de gente que ni cree ni deja de creer. Ya lo decía Sádaba: «Lo normal y extendido, en nuestros días, es que un hombre adulto y razonablemente instruido no sea ni creyente ni incrédulo, sino que *se despreocupe* de tales cuestiones. Y si, a nivel personal, alguien, razonablemente instruido, sigue siendo creyente, se da por supuesto que esa misma persona, en cuanto normal y partícipe de los cánones teóricos y prácti-

---

28. GIRONELLA, José Mª, *Nuevos 100 españoles y Dios,* Planeta, Barcelona 1994, p. 182.
29. GONZALEZ-ANLEO, Juan, «Los jóvenes y la religión "light"»: *Cuadernos de Realidades Sociales* 29-30 (1987) 28-33.
30. PUENTE OJEA, Gonzalo, *Elogio del ateísmo. Los espejos de una ilusión,* Siglo XXI, Madrid 1995, p. 302.

cos vigentes, orientará su vida prescindiendo de tal religiosidad»[31].

También en esta ocasión el dictamen de la teología y el de la sociología coinciden en que una situación semejante no puede prolongarse mucho tiempo.

El teólogo explicará que no es posible ser cristiano sin serlo apasionadamente. Jesús exigió a sus seguidores que estuvieran dispuestos a renunciar a todo por el Reino de Dios: «Sucede con el reino de los cielos lo que con un mercader que busca ricas perlas y que, al encontrar una de gran valor, se va a vender todo lo que tiene y la compra» (Mt 13,45-46). El Concilio Vaticano II, acabando con aquella desafortunada distinción que algunos habían creído encontrar en el Sermón de la Montaña entre unos «preceptos» para el común de los cristianos y los «consejos» para quienes aspiraban a la santidad, recordó que todos los seguidores de Jesús estamos llamados a alcanzar la plenitud de la vida cristiana (Recuérdese el capítulo V de la *Lumen Gentium,* titulado «Vocación universal a la santidad en la Iglesia»[32]).

El sociólogo, por su parte, afirmará que el cristiano del futuro, o lo será apasionadamente, o simplemente no será cristiano, porque esos «católicos poco o nada practicantes» se convertirán en «indiferentes» *casi sin darse cuenta,* suponiendo que ambas categorías no sean sencillamente intercambiables. De hecho, en los estudios sociológicos oscilan bastante los porcentajes de quienes se declaran «católicos no practicantes» y quienes se declaran «indiferentes»,

---

31. SÁDABA, Javier, *Saber vivir,* Ediciones Libertarias, Madrid 1985^{7}, pp. 83-84.
32. CONCILIO VATICANO II, *Lumen Gentium,* 39-42 (*Concilio Vaticano II. Constituciones. Decretos. Declaraciones. Legislación posconciliar,* BAC, Madrid 1970^{7}, pp. 107-116).

pero la suma de ambos se mantiene constante, por lo que algunos sociólogos han sugerido la hipótesis de que son categorías tan parecidas que los mismos individuos podrían declararse unas veces «católicos no practicantes», y otras veces «indiferentes»[33].

Comunidades de contraste

Por mucho que haya personalizado la fe, el cristiano del futuro tendrá dificultades para vivirla sin ningún apoyo externo.

La sociología del conocimiento ha puesto de manifiesto la importancia que tienen los demás no sólo en la elaboración de nuestras propias convicciones, sino incluso en la opinión que tenemos de nosotros mismos[34]. Un niño despreciado por todos acaba despreciándose a sí mismo; un muchacho que tiene dudas sobre su virilidad descubrirá que todo marcha a las mil maravillas en la cama cuando está con una chica que le cree una reencarnación de Don Juan; etc. En una de las primeras obras de la literatura castellana, el Infante don Juan Manuel narra una historia aleccionadora. Se trataba de un rey muy orgulloso al que Dios quiso corregir. Un día, mientras estaba bañándose, un ángel tomó la forma del monarca, se puso sus vestiduras y se encaminó hacia el palacio, seguido por todo el séquito. Al salir del baño, el verdadero rey no tuvo más remedio que cubrirse como pudo con los harapos de un mendigo que encon-

33. GONZÁLEZ BLASCO, Pedro, «Religión», en (JUÁREZ, Miguel, [dir.]) *V Informe sociológico sobre la situación social en España,* t. 1, Fundación FOESSA, Madrid 1994, p. 754).
34. Cfr. BERGER, Peter, y LUCKMANN, Thomas, *La construcción social de la realidad,* Amorrortu, Buenos Aires 1979.

tró tirados por el suelo. Cuando, de esa guisa, intentó entrar en el palacio, la guardia le rechazó. Durante varios meses fue diciendo por todas partes que era el rey, pero todos se burlaban de él y le tomaban por loco, «et tantos homnes le dijieron esto et tantas veces et en tantos lugares, que ya él mismo cuidaba que era loco et que con locura pensaba que era el rey de aquella tierra»[35]. Cuando Dios consideró que ya estaba curado de su orgullo, se le apareció y le preguntó qué le pasaba. El rey respondió: –Estoy loco, Señor, porque «non podría seer si yo loco non fuese, que todas las gentes, buenos et malos, grandes et pequeños, et de gran entendimiento et de pequeño, todos me toviesen por loco»[36].

Pues bien, este cuento ilustra muy bien la dificultad de mantener la fe en un clima generalizado de desdén o, al menos, de indiferencia religiosa. Por eso, para los cristianos del siglo XXI tendrá una importancia decisiva el hecho de estar integrados en una comunidad cristiana viva.

Ya dije en otro lugar[37] que, para defendernos de la famosa «intemperie» en el interior de las sociedades secularizadas, no veo necesario crear una especie de submundo católico dentro de la sociedad, con sus medios de comunicación, partidos políticos y servicios de todo tipo, como algunos han defendido. La sal debe mezclarse con los alimentos, y el fermento con la masa. Pero sí será necesario disponer de pequeñas comunidades cristianas en las que exista fe compartida y calor humano. En ellas nos reuniremos

---

35. JUAN MANUEL, *El Conde Lucanor y Patronio,* Aguilar, Madrid 1975^4, p. 292.
36. *Ibidem,* p. 295.
37. Cfr. GONZÁLEZ-CARVAJAL, Luis, *Cristianos de presencia y cristianos de mediación,* Sal Terrae, Santander 1989.

para compartir la fe con otros hermanos y celebrar la liturgia, dispersándonos en seguida para dar testimonio ante nuestros contemporáneos de lo que creemos.

Una Iglesia para los demás

Un grupo que se siente rodeado por un ambiente hostil podría tener la tentación de concentrar su atención en sí mismo y en sus problemas. Para los seguidores de Jesús, esto sería traicionarse a sí mismos. Como escribió Bonhöffer en agosto de 1944, «la Iglesia sólo es Iglesia cuando existe para los demás»[38].

El lector de los evangelios percibe inmediatamente que no es la Iglesia, sino el Reino de Dios, quien ocupa el lugar central de la predicación de Jesús. La Iglesia –como Él– ha recibido «la misión de anunciar el Reino de Cristo y de Dios e instaurarlo en todos los pueblos, y constituye en la tierra el germen y el principio (*germen et initium*) de ese reino»[39].

A partir del siglo IV, la evangelización en Europa se hizo desde el poder. Todavía no hace demasiado tiempo, se oía presumir de que «somos un fuerza», sin darse cuenta de que el tener influencia en el plano humano, el manejar capitales, el llevar a cabo obras grandiosas, etc., no es signo de nada. Las grandezas humanas agotan en sí mismas su significado; no remiten a un significado superior y, desde luego, no pueden ser signo de las cosas verdaderamente importantes, de lo único necesario. Aquella era una Iglesia que, a pesar de sus buenas intenciones, se quedó muda, paradójicamente, por hacer demasiado ruido.

---

38. BONHÖFFER, Dietrich, *Resistencia y sumisión. Cartas y apuntes desde el cautiverio,* Sígueme, Salamanca 1983, p. 267.
39. CONCILIO VATICANO II, *Lumen Gentium,* 5 b (*ed. cit.*, p. 44).

Josep Vives escribe: «El Reino de Dios no está allí donde hay poder, prestigio y gloria, aunque sea el poder, el prestigio y la gloria de la Iglesia, de sus instituciones y de sus jerarquías. El Reino está allí donde hay gozo para los pobres, donde Juan de Dios recoge apestados por las calles, donde el Padre Damián cuida leprosos, donde Teresa de Calcuta alimenta a los miserables, donde José de Calasanz o Juan Bosco dan instrucción gratuita a mozuelos callejeros, o donde Monseñor Romero y el P. Rutilio, con tantos otros, luchan y mueren por los derechos de los pobres»[40].

Un compromiso semejante no dejará de interpelar a quienes no son cristianos. «A través de este testimonio sin palabras –decía Pablo VI–, estos cristianos hacen plantearse, a quienes contemplan su vida, interrogantes irresistibles: ¿por qué son así?; ¿por qué viven de esa manera?; ¿qué es o quién es el que los inspira?; ¿por qué están con nosotros?»[41]. Y ellos –ya lo dijo el autor de la Primera Carta de Pedro– deberán «estar siempre dispuestos a dar razón de su esperanza a todo el que les pida explicaciones» (1 Pe 3,15).

Cuando leemos en los Hechos de los Apóstoles cómo la Iglesia crecía rápidamente y cómo aumentaba el número de los creyentes, tenemos la impresión de que la fe se propagaba, valga la expresión, por contagio. Eso volverá a ocurrir en cualquier lugar donde el cristianismo sea verdaderamente auténtico y las comunidades de creyentes pongan de manifiesto a los ojos de todos que, «donde hay un cristiano,

---

40. VIVES, Josep, «Juan Bautista, heraldo de la novedad del Reino»: *Sal Terrae* 72 (1984) 782.
41. PABLO VI, *Evangelii Nuntiandi,* 21 b (*El magisterio pontificio contemporáneo,* t. 2, BAC, Madrid 1992, p. 93).

hay una nueva humanidad; pasó lo viejo, todo es nuevo» (2 Cor 5,17).

Las comunidades cristianas tendrán que prever estructuras adecuadas para acoger a los que retornan a la fe. Son personas que necesitan ajustar cuentas con un pasado religioso que les decepcionó, y no basta con darles la bienvenida e invitarles a ocupar un puesto en la comunidad como si nada hubiera ocurrido. Eso sería cerrar las heridas en falso. Debemos esperar que en el siglo XXI «se haga normal para la mayoría de los cristianos acompañar, una o dos veces en la vida, sea a un catecúmeno (no bautizado), sea a uno o una que retorna»[42].

Debemos hacernos a la idea, no obstante, de que ese cristianismo «de estricta observancia» que estamos describiendo nunca llegará a ser un fenómeno de masas. En la medida en que mantenga sus exigencias con fidelidad, será algo restringido, minoritario. Quizá por eso Nietzsche redujo tanto el número de los verdaderos cristianos que prácticamente sólo encontró uno, el que murió en la Cruz[43]. Sin duda, la afirmación de Nietzsche era exagerada, como casi todo lo que dijo. Ya sabemos que lo suyo era provocar. Pero sus provocaciones siempre resultan saludables.

En este caso nos enfrenta con la vieja polémica de si debemos optar por una Iglesia de masas o por una Iglesia de minorías (hace unos años fue famosa la discusión entre Daniélou y Jossua[44]). En mi opi-

---

42. BOURGEOIS, Henri, *Los que vuelven a la fe,* Mensajero, Bilbao 1995, p. 105.
43. NIETZSCHE, Friedrich, *El Anticristo,* § 39 (*Obras completas,* t. 4, Prestigio, Buenos Aires 1970, p. 223).
44. Cfr. DANIÉLOU, Jean, y JOSSUA, Jean-Pierre, *Cristianismo de masas o de minorías,* Sígueme, Salamanca 1968. El punto de partida de la polémica fue un libro de Daniélou titulado

nión, debemos aspirar a una Iglesia lo más numerosa posible, porque Jesús quiso que intentáramos «hacer discípulos a todas las gentes» (Mt 28,19). La Iglesia, por lo tanto, debe procurar ser una Iglesia de masas, debe aspirar a la universalidad efectiva... pero *no a cualquier precio.* Y, desde luego, *no al precio de dejar de ser Iglesia;* es decir, no al precio de estar integrada por personas que nunca se han planteado en serio la posibilidad de seguir a Jesús.

Por otra parte, ya lo hemos dicho, lo que importa no es tanto el crecimiento numérico de la Iglesia como la implantación del reinado de Dios sobre la tierra. El fermento –otra de las imágenes que utilizó Jesús (cfr. Lc 13,21)– no tiene por qué ser muy abundante. Lo que importa es que tenga capacidad para hacer fermentar la masa.

L'oraison problème politique (trad. castellana: *Oración y política,* Pomaire, Barcelona 1966).

2
El reto del ecumenismo

El escándalo de las divisiones cristianas

Desseaux hizo notar que hasta el día de hoy «cada cinco siglos, en una dinámica infernal, ha tenido lugar una nueva ruptura en la Iglesia»[1]:

– Entre los siglos V y VI se produjo la primera escisión, cuando las llamadas «Iglesias orientales antiguas», de tendencia monofisita, se negaron a aceptar el concilio de Calcedonia. Las cuatro confesiones más importantes que hoy subsisten son los armenios, los sirios, los coptos y los etíopes, con un total aproximado de 22 millones de fieles.

– En el siglo XI, concretamente el año 1054, se consumó la ruptura entre Roma y Constantinopla, pasando a la historia esa hermosa realidad que los padres llamaban la *Iglesia indivisa.* La Iglesia Ortodoxa tiene actualmente alrededor de 150 millones de fieles.

– En el siglo XVI se produjo una nueva escisión en el interior de la Iglesia de occidente, entre las llamadas «reformas protestantes y anglicanas», por una parte (que hoy suman alrededor de 450 millones de fieles), y la «Iglesia católico-romana», por otra (que supera ligeramente los 1.000 millones de fieles).

---

1. DESSEAUX, J. E., *20 siècles d'Histoire Oecuménique,* Cerf, Paris 1983, pp. 13 y 39.

Conviene recordar, por cierto, que uno de los sentidos de la palabra «protestar» –el mejor–, que dio origen a la palabra «protestantes», es: «confesar públicamente la fe y creencia que uno profesa y en que desea vivir»[2].

Por otra parte, esas divisiones alimentaron actitudes profundamente intolerantes. Sin necesidad de remontarnos a las pasadas guerras de religión, Gonzalo Torrente Ballester recuerda entre sus entretenimientos de niño el de apedrear la capilla evangélica de su pueblo y vejar al pastor mientras cantaban todos a coro: «¡Fuera, fuera, protestantes, fuera, fuera de nuestra Nación, que queremos ser amantes del Sagrado Corazón!»[3].

Gracias a Dios, actitudes semejantes ya no se dan hoy; pero al comienzo del tercer milenio los cristianos seguimos todavía divididos en múltiples Iglesias, y esto no puede tolerarse por más tiempo. El gran teólogo reformado Karl Barth escribió en 1953: «No existe ninguna justificación teológica, ninguna justificación espiritual y, sobre todo, ninguna justificación bíblica para la existencia de una pluralidad de Iglesias realmente separadas y que se excluyen unas a otras en su interior y, por consiguiente, exteriormente. En este sentido, varias Iglesias significan varios señores, varios espíritus, varios dioses. ¡La cosa salta a la vista! En la medida en que la cristiandad se descomponga en Iglesias realmente separadas y opuestas, reniega en la práctica de lo que confiesa en

---

2. REAL ACADEMIA ESPAÑOLA, *Diccionario de la Lengua Española,* t. 2, Espasa-Calpe, Madrid 1997, p. 1.682.
3. TORRENTE BALLESTER, Gonzalo, *Memoria de un inconformista,* Madrid 1997, pp. 377-379 (cit. por MADRIGAL, Santiago, «El compromiso ecuménico de la Iglesia Católica»: *Sal Terrae* 87 [1999] 789).

la teoría: la unidad y la unicidad de Dios, de Jesucristo, del Espíritu Santo. Todas las excelentes razones que militan en favor de los cismas y todos los serios obstáculos que impiden eliminarlos, así como todas las interpretaciones y atenuantes que puedan encontrarse, no alteran el hecho de que toda división en la Iglesia, como tal, es un terrible enigma, un escándalo»[4].

Yo comparto plenamente ese punto de vista; como creo también que lleva razón González Faus cuando dice que, «si el cristianismo no enfrenta unido el tercer milenio, no va a tener nada (o muy poco) que hacer en él»[5].

El camino hacia la unidad

El gran reto es conseguir que durante el siglo XXI –a lo largo del cual, de no interrumpirse esa «dinámica infernal» a la que se refería Desseaux, «tocaría» una nueva división– recuperemos la unidad.

Como es sabido, hace ya doscientos años que se viene trabajando en esa dirección. Las investigaciones historiográficas sitúan los orígenes del movimiento ecuménico a principios del siglo XIX, concretamente en 1805, con la propuesta de William Carey, el primer misionero baptista inglés enviado a la India, de crear «una asociación general de todas las denominaciones cristianas existentes en las cuatro partes del mundo» para evitar el efecto paralizante

---

4. BARTH, Karl, *Dogmatique,* chap. 14, § 62 (Labor et Fides, Genève, vol. 4, t. 1/3, 1967, p. 36).
5. GONZÁLEZ FAUS, José Ignacio, «La mundialización cosmovisional», en (CRISTIANISME I JUSTÍCIA) *¿Mundialización o conquista?,* Sal Terrae, Santander 1999, p. 210.

que las divisiones confesionales tienen sobre la actividad misionera.

A partir de 1854 se organizaron diversos congresos con ese fin. En la Conferencia Misionera Mundial de Edimburgo (1910), que todos los autores coinciden en considerar cuna del moderno movimiento ecuménico, uno de los «invitados» asiáticos interpeló proféticamente a los misioneros de Europa y Norteamérica: «Vosotros nos habéis mandado misioneros que nos han dado a conocer a Jesucristo, por lo que os estamos agradecidos. Pero, al mismo tiempo, nos habéis traído vuestras distinciones y divisiones: unos nos predican el metodismo, otros el luteranismo, el congregacionalismo o el episcopalianismo. Nosotros os suplicamos que nos prediquéis el Evangelio y dejéis a Jesucristo suscitar en el seno de nuestros pueblos, por la acción del Espíritu Santo, la Iglesia conforme a sus exigencias y conforme también al genio de nuestra raza, que será la Iglesia de Cristo en Japón, la Iglesia de Cristo en China, la Iglesia de Cristo en la India, liberada de todos los "ismos" con que vosotros matriculáis la predicación del evangelio entre nosotros»[6].

Allí mismo, en la Conferencia de Edimburgo (1910), se decidió crear dos comisiones permanentes para promover la unidad:

La primera de ellas fue la comisión «Vida y Acción» (*Life and Work*), cuya alma fue el arzobispo luterano de Uppsala (Suecia), Nathan Söderblom (1866-1931). Tenía como objetivo fomentar la colaboración de las distintas Iglesias en la construcción de un mundo más justo, confiando en que el hecho de

6. Cit. por VILLAIN, M., *Introducción al Ecumenismo,* Desclée de Brouwer, Bilbao 1962, p. 22.

trabajar juntos allanara el camino hacia la unidad, de acuerdo con aquel *slogan* de que «la doctrina separa, la acción une».

La otra comisión, llamada «Fe y Constitución» (*Faith and Order*), tuvo como principal promotor al obispo anglicano Charles H. Brent (1862-1929). Su objetivo era estudiar las diferencias teológicas existentes entre las distintas confesiones cristianas para promover la unidad en el plano doctrinal.

En la Asamblea de Utrecht (1938) se acordó unir ambas en un único organismo; aunque, frustrado el intento por la guerra, la unión sólo pudo hacerse realidad en la Asamblea General de Amsterdam (1948), surgiendo así el *Consejo Ecuménico de las Iglesias* (CEI)[7] o, como prefieren decir en el mundo anglosajón, el *Consejo Mundial de las Iglesias*[8].

La Iglesia católica y el ecumenismo

Durante mucho tiempo, la Iglesia católica se negó en redondo a participar en esas iniciativas ecuménicas. La eclesiología preconciliar, al identificar pura y simplemente la Iglesia católica con la Iglesia de Cristo, no permitía otro camino hacia la unidad que el retorno al redil católico de los cristianos de las demás confesiones.

De hecho, estando ya bastante consolidado el movimiento ecuménico, Pío XI publicó contra él la encíclica *Mortalium animos* (6 de enero de 1928), en la que decía: «La sede apostólica no puede, bajo pretexto alguno, participar en sus congresos, y los católicos no deben por ningún motivo favorecerlos con

7. En francés, CEE, *Conseil Oecuménique des Églises*.
8. WCC, *World Council of Churches*.

sus sufragios o con su acción. (...) La sede apostólica no ha permitido nunca a los católicos asistir a las reuniones de acatólicos; la unión de los cristianos sólo puede procurarse favoreciendo el retorno de los disidentes a la única y verdadera Iglesia de Cristo, que ellos tuvieron antaño la desgracia de abandonar»[9].

La desconfianza y hasta la hostilidad que una y otra vez manifestó Roma ante las repetidas invitaciones a participar en reuniones de «Vida y Acción» y «Fe y Constitución» hicieron que un hombre tan ecuménico como el arzobispo Söderblom repitiera una frase bíblica dándole un significado terrible: *Petrus a longe secutus est...*, «Pedro seguía de lejos...» (Mc 14,54)[10].

Todavía hoy, la Iglesia católica sigue sin ser miembro del CEI, aunque desde la Asamblea de Nueva Delhi (1961) asisten observadores católicos a las Asambleas Generales del mismo, y desde la Asamblea General de Uppsala (1968) los teólogos católicos participan de pleno derecho en los trabajos de la comisión doctrinal, denominada «Fe y Constitución». El aprecio vaticano por el CEI ha quedado reflejado en las dos visitas papales realizadas a la sede de Ginebra, primero por Pablo VI, en junio de 1969, y quince años después por Juan Pablo II (junio 1984); pero ¿por qué no incorporarnos oficialmente al mismo, dado que la eclesiología de la *Lumen Gentium* ha eliminado las dificultades existentes?

Como es sabido, el Concilio Vaticano II, en vez de repetir, como la eclesiología anterior, que la Iglesia católica «es» la Iglesia de Cristo, afirmó, con una

---

9. PÍO XI, *Mortalium animos:* AAS 20 (1928) 13ss.
10. CONGAR, Yves-M., *Essais oecuméniques,* Le Centurion, Paris 1984, p. 101.

fórmula muy cauta –propuesta por el teólogo flamenco Gérard Philips–, que la Iglesia de Cristo «subsiste en» (*subsistit in*) la Iglesia católica[11], pero también «fuera del recinto visible de la Iglesia católica» pueden reconocerse muchos y muy importantes elementos que dan vida a la Iglesia[12]. Incluso «no hay que admirarse de que algunos aspectos del misterio revelado a veces se hayan captado mejor y se hayan expuesto con más claridad por unos que por otros»[13].

Seguramente la valoración más positiva de las otras Iglesias cristianas es la que hizo Juan Pablo II en su libro-entrevista *Cruzando el umbral de la Esperanza:* Dios –dijo– «saca el bien incluso del mal, de las debilidades humanas: ¿No podría ser que las divisiones hayan sido también *una vía que ha conducido y conduce a la Iglesia a descubrir las múltiples riquezas contenidas en el Evangelio de Cristo y en la redención obrada por Cristo*? Quizá tales riquezas no hubieran podido ser descubiertas de otro modo...»[14].

De hecho, el P. Tucci, en el discurso que pronunció en la Asamblea de Uppsala (1968), que expresa oficiosamente el pensamiento del Vaticano, afirmó

11. CONCILIO VATICANO II, *Lumen Gentium,* 8 b (*Concilio Vaticano II. Constituciones. Decretos. Declaraciones. Legislación posconciliar,* BAC, Madrid 1970[7], p. 51) y *Unitatis Redintegratio,* 4 (*ed. cit.,* pp. 733-737). Cfr. SULLIVAN, Francis A., «El significado y la importancia del Vaticano II de decir, a propósito de la Iglesia de Cristo, no "que ella es", sino que ella "subsiste en" la Iglesia católica romana», en (LATOURELLE, René, [ed.] *Vaticano II: balance y perspectivas,* Sígueme, Salamanca 1989, pp. 607-616.
12. CONCILIO VATICANO II, *Unitatis Redintegratio,* 3 b (*ed. cit.,* p. 731).
13. *Ibidem,* 17 a (*ed. cit.,* pp. 749-750).
14. JUAN PABLO II, *Cruzando el umbral de la Esperanza,* Plaza & Janés, Barcelona 1994, p. 159.

que la eclesiología del Vaticano II ha eliminado los obstáculos teológicos que existían anteriormente para que la Iglesia católica pudiera ser miembro del Consejo Ecuménico de las Iglesias, aunque persisten todavía obstáculos «graves» de orden psicológico.

De hecho, no sólo existen «obstáculos psicológicos» por parte de la Iglesia Católica. Hace poco, afirmaba un pastor de la Iglesia Evangélica Española que el protestantismo español –con la única excepción de la Iglesia Evangélica Española (calvinista, de unos 5.000 miembros) y la Iglesia Española Reformada Episcopal (anglicana, con unos 1.000 miembros)– sigue afincado en un anticatolicismo visceral. Lo explican –decía él– los agravios padecidos en el pasado y también el temor a ser engullidos, a perder su identidad, dado su diminuto tamaño[15].

El camino que queda por recorrer

Entre los resultados más importantes del esfuerzo ecuménico obtenidos hasta el momento, hay que consignar los siguientes: con relación a la Iglesia Ortodoxa, la anulación en 1965 de las excomuniones recíprocas de 1054; con la Comunión Anglicana, el «acuerdo sustancial» expresado por el Informe final ARCIC I (1982), de la Comisión Internacional Anglicano-Católica, sobre el primado, y más recientemente (en 1999) el ARCIC II; con el CEI, el documento de «convergencia» de la Comisión «Fe y Constitución» sobre «Bautismo, Eucaristía y Ministerio», llamado también «Documento de Lima» (1982); con la Fede-

15. Cfr. ZAMORA, Pedro, «La perspectiva de un protestante español»: *Sal Terrae* 87 (1999) 835-847.

ración Luterana Mundial, la «Declaración conjunta sobre la Justificación» (1998)... Sin embargo, han surgido otros asuntos –como la ordenación de la mujer– que han agrandado las diferencias entre las Iglesias.

Por eso, tras los años hermosamente ingenuos de los orígenes del ecumenismo, existe ahora una especie de acuerdo implícito y una conciencia muy viva de que las divisiones existentes son humanamente insuperables, y que la unidad tendrá que ser obra de Dios. A partir de esa fundamental convicción, surge espontáneamente una actitud orante. El Concilio Vaticano II afirmó que la plegaria es «el alma de todo el movimiento ecuménico»[16].

Aquí procede recordar especialmente el Octavario de Oración por la Unidad de los Cristianos, celebrado todos los años entre el 18 y el 25 de enero. Fue ideado en 1908 por dos presbíteros anglicanos, Spencer Jones y el americano Paul J. Wattson (que dos años después se incorporó a la Iglesia católica), para pedir el «retorno» de los hermanos separados a la Iglesia de Roma. Como era de esperar, con ese planteamiento llevó una vida lánguida, hasta que en 1935 Paul Couturier, sacerdote católico de la diócesis de Lyon, lo transformó dándole una orientación verdaderamente ecuménica, capaz de recoger la oración de todos los cristianos por «la unidad que Dios quiera, cuando Él quiera y con los medios que Él quiera». El ideal, según el P. Couturier, es una oración hecha desde «lugares comunes» y desde «espacios compartidos». Desde hace años, un «equipo mixto» del Consejo Ecuménico de las Iglesias y de la

---

16. CONCILIO VATICANO II, *Unitatis Redintegratio,* 8 a (*ed. cit.,* pp. 739-740).

Comisión Pontificia para la Promoción de la Unidad prepara los textos bíblicos y el orden de la oración.

Junto a la oración es necesario también que la presión de las bases eclesiales contribuya a allanar los obstáculos. No debemos pensar, en efecto, que la actividad ecuménica sea competencia exclusiva de los altos dirigentes de las Iglesias y de comisiones teológicas creadas para ello. La historia pone de manifiesto, como hemos visto, que el ecumenismo de base precedió al ecumenismo oficial y fue quien lo hizo posible. Sobre todo en situaciones difíciles para los cristianos, ha sido frecuente que surgiera un ecumenismo espontáneo. El libro de Jean Guitton, *Diálogo con los precursores,* por ejemplo, habla con patetismo de la «unidad cristiana en los campos de concentración (1940-1945)»[17]. Pero también en otras muchas ocasiones han surgido iniciativas ecuménicas en la base sin ser provocadas por un peligro común. Pensemos, por ejemplo, en un lugar tan simbólico como Taizé (Saône-et-Loire), donde mucho antes del Concilio unos monjes reformados y católicos eligieron vivir juntos, y que todavía hoy continúa atrayendo, sobre su colina o en las grandes capitales europeas, a decenas de miles de jóvenes de todos los países y de todas las confesiones.

Después ha habido un proceso de *institucionalización* del ecumenismo. A partir de un determinado momento, «los expertos, los especialistas, las jerarquías, los teólogos, han venido a relevar a los "profetas" y a los "visionarios" en los puestos de dirección»[18]. Pero es necesario que la presión del ecume-

---

17. GUITTON, Jean, *Diálogo con los precursores. (Diario ecuménico, 1922-1962),* Taurus, Madrid 1963, pp. 157-172.
18. BOSCH, Juan, *Para comprender el ecumenismo,* Verbo Divino, Estella 1991, p. 16.

nismo de base sobre esos especialistas y sobre las jerarquías de las Iglesias les obligue a ir más deprisa. En una conferencia pronunciada en Lausanne (Suiza) en 1977, con motivo del 50º aniversario de la creación del departamento «Fe y Constitución» del Consejo Ecuménico de las Iglesias, Congar dijo: «Está perfilándose y a veces viviéndose una unión de los cristianos sin unión de las Iglesias. Puede llegar un día en que los clérigos y los teólogos se encuentren solos en su confrontación de unas posturas antagónicas»[19].

19. Cit. en TINCQ, Henri, *Desafíos para el papa del tercer milenio,* Sal Terrae, Santander 1998, p. 129.

3
La descentralización de la Iglesia

Pablo VI decía en 1967: «El Papa –lo sabemos muy bien– es el obstáculo más grave en el camino del ecumenismo»[1]. Y, aunque esto sigue siendo cierto, desde entonces se han producido algunos cambios significativos. Las Iglesias no católicas están empezando a ver como «normal», y hasta «exigiendo en cierto grado», un ejercicio del primado de la Sede romana. Incluso entre las Iglesias de tradición luterana se ha empezado a reconsiderar la opinión (más emotiva que razonada) que veía en el Papa a un Anticristo.

En la declaración luterano-católica de 1980 se dice: «Los estudios históricos y lingüísticos acerca del significado del dogma; la insistencia –a partir del Vaticano II– en las relaciones colegiales entre el Papa y los obispos, tanto en el plano teológico como en el de la práctica; la instauración de un nuevo estilo de *leadership* papal por Juan XXIII y Pablo VI..., todo ello puede llevar a los luteranos a comprender que el Papa no es un monarca absoluto»[2]. También la Comisión Internacional Anglicano-Católica afirmaba en 1981: «La única sede que reivindica el primado uni-

---

1. *Documentation Catholique* 64 (1967) 870.
2. Cit. en TILLARD, Jean-Marie-René, *El obispo de Roma. Estudio sobre el papado,* Sal Terrae, Santander 1986, p. 23.

versal, que lo ha ejercido y sigue ejerciéndolo, es Roma, la ciudad donde Pedro y Pablo fueron martirizados. Parece normal (*apropriate*) que, en cualquier posible unión futura, el primado universal, tal como se ha descrito, sea ejercido por dicha sede»[3].

Pero, desde luego, *nadie fuera de la Iglesia católica acepta el primado tal como lo concibe hoy Roma,* sobre todo desde 1870, es decir, desde el Concilio Vaticano I. «La Iglesia católica –escribe Tillard– debería *releer* en función de este nuevo contexto las declaraciones del Vaticano I y del Vaticano II sobre el primado romano que las demás Iglesias sinceramente no creen poder "recibir"»[4].

Juan Pablo II parece sensible a esta demanda. En la encíclica *Ut unum sint* dijo: escucho «la petición que se me dirige de encontrar una forma de ejercicio del primado que, sin renunciar de ningún modo a lo esencial de su misión, se abra a una situación nueva»[5]. Pero «es una «tarea ingente que (...) no puedo llevar a término solo». Invito a los responsables de las Iglesias no católicas y a sus teólogos «a establecer conmigo y sobre esta cuestión un diálogo fraterno, paciente, en el que podríamos escucharnos más allá de estériles polémicas»[6]. Se trata de un anuncio importantísimo. Si no estoy equivocado, es la primera vez que un papa lanza la idea de abrir un debate sobre el primado. De hecho, en diciembre de 1996, por iniciativa del cardenal Ratzinger, tuvieron lugar ya unas primeras conversaciones exploratorias con interlocutores protestantes, ortodoxos y anglicanos.

---

3. *Ibidem,* p. 25.
4. *Ibidem,* pp. 28-29.
5. JUAN PABLO II, *Ut unum sint,* 95 b (San Pablo, Madrid 1995, pp. 113-114).
6. *Ibidem,* n. 96 (pp. 114-115).

Para solucionar este problema, un gran teólogo católico sugirió en 1971 que quizá podríamos buscar en la dirección de aquellos cinco patriarcados de la antigüedad que, presididos por uno de ellos (el de Roma), a la vez garantizaban una suficiente autonomía a los otros cuatro (Alejandría, Antioquía, Jerusalén y Constantinopla). Su propuesta merece una extensa cita: «Habría que mirar como tarea para el futuro el distinguir de nuevo más claramente el verdadero oficio del sucesor de Pedro y el oficio patriarcal; y, de ser necesario, crear nuevos patriarcados y desmembrarlos de la Iglesia latina. (...) Ello quiere decir que una unión con la cristiandad oriental no debería cambiar nada, lo que se dice nada, en su vida eclesiástica concreta. (...) Los cambios palpables podrían ser éstos: que en la provisión de sedes episcopales céntricas se diera una "ratificación" comparable al intercambio de cartas de comunión en la Iglesia antigua; que hubiera de nuevo reuniones comunes en sínodos y concilios, y de nuevo traspasara las fronteras de oriente y occidente el intercambio de cartas pascuales o documentos semejantes ("encíclicas"); finalmente, que el obispo de Roma fuera otra vez nombrado en el canon de la misa y en las oraciones. (...) De forma equivalente, podría pensarse sin duda en una forma especial de la cristiandad protestante dentro de la unidad de la Iglesia universal; y, finalmente, debería reflexionarse en un futuro tal vez no lejano sobre si las Iglesias de Asia y África, a la manera de las de oriente, no podrán o deberán ofrecer su forma propia como patriarcados o "grandes Iglesias" independientes».

No se piense que he citado a un extremista radicalizado. Esas páginas las escribió nada menos que

Joseph Ratzinger[7] antes de convertirse en prefecto de la Congregación para la Doctrina de la Fe, en cardenal y en uno de los más firmes defensores de la actual organización de la Iglesia.

Desde luego, las cosas no tienen por qué ser necesariamente así, pero lo que hace falta es no cerrar los oídos a lo que el Espíritu pida a la Iglesia en el futuro próximo.

---

7. RATZINGER, Joseph, *El nuevo pueblo de Dios,* Herder, Barcelona 1972, pp. 160-161.

4
La falta de presbíteros

Aporías de una comunidad cristiana sin presbítero

Hay quien considera que la crisis más grave de la Iglesia católica al comienzo del tercer milenio es la falta de presbíteros[1]. España está en situación de alerta amarilla ante la sequía vocacional y, desgraciadamente, muchos otros países europeos han entrado hace tiempo en la alerta roja. Podríamos estar, además, ante un círculo vicioso, porque cuantas menos personas optan por el sacerdocio, menos jóvenes piensan que ése es un compromiso posible para ellos.

Se calcula que más de la mitad de los católicos de todo el mundo no pueden disponer de la eucaristía los domingos por falta de un ministro ordenado que presida la celebración[2], lo cual está obligando a que muchas comunidades organicen liturgias dominicales en ausencia de presbítero[3]. Bernard Sesboüé ha planteado la cuestión de si la Iglesia puede instalarse

---

1. TINCQ, Henri, *Desafíos para el papa del tercer milenio,* Sal Terrae, Santander 1998, p. 78.
2. REESE, Thomas J., «Más allá del 2001: Preparando la Iglesia para el próximo milenio»: *Selecciones de Teología* 38 (1999) 97.
3. Cfr. CONGREGACIÓN PARA EL CULTO DIVINO, *Directorio para las celebraciones dominicales en ausencia del presbítero,* en (PARDO, Andrés [ed.]) *Documentación litúrgica posconciliar. Enchiridion,* Regina, Barcelona 1992, pp. 405-414.

–legítima y, sobre todo, *permanentemente*– en la práctica de tales asambleas dominicales sin celebración de la eucaristía: «Es una verdadera paradoja pensar que la Iglesia católica, cuya espiritualidad es fuertemente eucarística y cuya práctica ha privilegiado esta celebración durante siglos, y que pide a sus religiosos y religiosas la participación diaria en la eucaristía, haya llegado a ser incapaz de ofrecer la eucaristía dominical a los fieles, a los que, por otra parte, impone la obligación de participar en ella»[4].

Además, en el plano pastoral, algunos fieles no saben distinguir ya la verdadera eucaristía de una asamblea dominical en ausencia de presbítero, lo cual podría agravar todavía más la sequía vocacional. Dar la sensación de que las comunidades cristianas pueden prescindir del presbítero en su vida normal, sin que la gente lo eche en falta, no es precisamente motivador para que surjan nuevas vocaciones.

Por otra parte, confiar cada vez más a los laicos el anuncio de la Palabra y la animación de las comunidades cristianas supone convertir al presbítero en un «distribuidor» itinerante de sacramentos; una concepción «sacral» del ministerio ordenado que quizá fuese la del Concilio de Trento –y, aun así, habría que matizarlo–, pero que dista mucho del significado que quiso darle el Vaticano II. Nuevamente, esto puede agravar la sequía vocacional, porque la perspectiva de ser un distribuidor itinerante de sacramentos, dejando a los laicos el anuncio de la Palabra y la animación habitual de las comunidades, es poco entusiasmante.

---

4. SESBOÜÉ, Bernard, *¡No tengáis miedo! Los ministerios en la Iglesia de hoy,* Sal Terrae, Santander 1998, p. 105.

¿Ordenación de varones casados?

Por otra parte, procede evocar aquí el derecho de los fieles a los sacramentos, proclamado por la Iglesia misma[5]. Juan Pablo II escribió en su Carta Apostólica *Dies Domini*: «Desde el momento en que participar en la Misa es una obligación para los fieles si no hay un impedimento grave, los Pastores tienen el correspondiente deber de ofrecer a todos la posibilidad efectiva de cumplir el precepto»[6].

La lógica del razonamiento es impecable, pero siempre que no limitemos la advertencia a los simples presbíteros –muchos de los cuales están celebrando hasta cinco y seis eucaristías cada fin de semana–, sino también a los altos responsables de la Iglesia. El concilio de Trento –sí, el concilio de Trento– pidió a los obispos que nunca llegaran a ser realidad las palabras de las Lamentaciones de Jeremías (4,4): «Los pequeñuelos piden pan, y no hay quien se lo reparta»[7].

Es indiscutible que la exigencia del celibato disuade a no pocos potenciales candidatos al sacerdocio; el mismo Jesús dijo que «no todos pueden con eso» (Mt 19,12). En consecuencia, la Iglesia latina debería estudiar serenamente la posibilidad de ordenar también a hombres casados (*viri probati*). Pablo VI se sintió tan impresionado por el testimonio y la petición de un cierto número de obispos de todo el mundo, que llegó a someter esta cuestión –la ordenación de hombres casados– al Sínodo de 1971.

---

5. *Código de Derecho Canónico,* canon 213 (BAC, Madrid 1983, pp. 84-85).
6. JUAN PABLO II, *«Dies Domini»,* n. 49: *Ecclesia* 2.903 (25 de julio de 1998) 1.138.
7. CONCILIO DE TRENTO, Sesión V, *Decreto sobre la enseñanza y la predicación,* n. 11.

Entonces fue rechazada esa posibilidad, aunque por muy pequeña diferencia (22 conferencias episcopales estaban a favor, 26 en contra, y 8 se inclinaron por el «iuxta modum»[8]). Quizás el agravamiento del problema en los años transcurridos desde entonces hace conveniente plantear de nuevo la cuestión.

Desde luego, debemos contar con que la ordenación de hombres casados sólo solucionaría parcialmente la actual escasez de presbíteros, al menos en Europa, porque las Iglesias de la Reforma, cuyos ministros pueden estar casados, conocen también una crisis de reclutamiento, aunque no tan grave como la nuestra. Existen otros factores, tales como la secularización de la sociedad, el declive de la imagen social del sacerdote y las dudas sobre su identidad y su futuro. En los países del Sur, por el contrario, esa medida conllevaría seguramente una mejora sustancial: en algunos lugares, porque eliminaría la soledad y aislamiento en que viven sus sacerdotes; en otros, como África, porque la cultura local presupone, para el ejercicio de cualquier autoridad, la experiencia personal del patriarcado familiar (en Burundi, por ejemplo, se entierra a los hombres que han muerto sin descendencia poniendo un carbón apagado en sus manos, para expresar su extinción total[9]).

---

8. Puede verse el voto de cada conferencia episcopal en *Vida Nueva* 803 (23 de octubre de 1971) 1.437-1.438.
9. MASABO, Dámaso, *La participación de la mujer en la Iglesia de Burundi,* Instituto Superior de Pastoral (Tesina de Licenciatura inédita), Madrid 1994, p. 21.

Una decisión difícil

Estamos ante un dilema dificilísimo, porque no fue un capricho lo que llevó a la Iglesia a vincular la ordenación a una aceptación libre y gozosa del celibato.

Es obvio que los ministros del Evangelio no son los únicos que han optado por una vida célibe. Otras personas –incluso no creyentes– lo han hecho también. Por eso, si queremos comprender el sentido del celibato ministerial, sería necesario elaborar una especie de fenomenología del permanecer célibe como proyecto vital, consagrándose plenamente bien sea a la ciencia, bien a la promoción del pueblo, al mundo de la marginación o a lo que quiera que sea.

Quienes consagran su vida a una de esas tareas con inmensa pasión saben que, si se casaran, su cónyuge y sus hijos tendrían derecho a esperar una entrega plena de su persona a ellos que no podrían darles, porque su corazón está puesto en otro lugar. Proudhon, por ejemplo, desde su militancia anarquista, escribió: «Hoy es demasiado querer la justicia y amar a una mujer»[10]. El análisis de esta experiencia humana muestra el celibato como una actitud de disponibilidad plena para con un determinado valor vital que excluye otras valiosísimas posibilidades vitales para un hombre determinado.

¿Acaso los valores religiosos no podrían exigir el mismo sacrificio que la entrega a esos otros nobles valores humanos mencionados más arriba? Lleva razón Schillebeeckx cuando afirma que «sólo cuando decae la conciencia valorativa de lo religioso puede

---

10. PROUDHON, Pierre-Joseph, *Sistema de las contradicciones económicas o filosofía de la miseria,* t. 1, Júcar, Madrid 1975, p. 65.

convertirse el celibato religioso en una dificultad fundamental, incluso *teórica*»[11].

Jesús dijo que hay eunucos por amor al Reino de Dios (cfr. Mt 19,12). Mateo incluyó esta sentencia en una perícopa sobre el divorcio, pero todo hace pensar que su contexto original era diferente y se refería al celibato apostólico. Nótese que el texto no utiliza la palabra «soltero» ἄγαμος, *ágamos*), sino «eunuco» εὐνοῦχος, *eunoûchos*), es decir, aquel que *no puede* casarse, que es inepto para el matrimonio. No se trata, naturalmente, de una incapacidad física, sino de un «no poder» existencial: son personas a quienes les resulta imposible llevar una vida matrimonial porque están fascinados por el Reino de Dios; ellos han encontrado una «perla preciosa» (Mt 13,44-46), y su corazón se encuentra allí donde está su tesoro (Mt 6,21). Para seguir a Jesús lo dejaron todo: padres, casa, hacienda... e incluso mujer (cfr. Lc 18,29).

En estos casos, la Escritura no acentúa la renuncia y el sacrificio, sino la alegría por el acontecimiento extraordinario de haber encontrado un gran tesoro; todo lo restante, por muy valioso que sea, es olvidado. El célibe por el Reino se convierte así en un signo, para la Iglesia y para el mundo, de la sensibilidad con que la humanidad debe acoger los valores religiosos.

El Concilio Vaticano II reconoció que el celibato «no viene exigido por la naturaleza misma del sacerdocio, como se ve por la práctica de la Iglesia primitiva y por la tradición de las Iglesias orientales, donde, además de aquellos que, juntamente con todos los obispos, eligen por don de la gracia la guar-

11. SCHILLEBEECKX, Edward, *El celibato ministerial,* Sígueme, Salamanca 1968[2], p. 91.

da del celibato, hay también presbíteros casados muy beneméritos»[12]. Pero añadió que el celibato tiene una íntima «armonía» con el sacerdocio[13]. Acabamos de ver, en efecto, que la afinidad entre el carisma del celibato y la diakonía eclesial convence fenomenológicamente.

Porque el celibato ministerial no es necesario, pero tiene un sentido pleno, la Iglesia ha querido elegir sus ministros entre quienes han hecho gozosamente esa experiencia. Y entiendo perfectamente la resistencia de los papas a modificar la disciplina actual. Pero también soy muy sensible a la anomalía de unas comunidades cristianas que no pueden celebrar habitualmente la eucaristía y otros sacramentos.

En todo caso, discutir este tema no debería considerarse como un «tabú» en la Iglesia. Es lamentable, por ejemplo, que en la VIII Asamblea ordinaria del Sínodo episcopal (1990), cuyo tema fue «La formación de los sacerdotes en la situación actual», cuando varios padres sinodales pidieron la ordenación de varones casados, sobre todo para zonas con una llamativa falta de presbíteros, la reacción inmediata de la Curia fue interpretar aquella petición como «desnaturalización del sacerdocio jerárquico» o «tentación de recurso a soluciones innovadoras», sin reparar en el agravio que semejantes juicios inferían tanto a las Iglesias de la tradición ortodoxa como a las católicas de rito oriental, que también tienen presbíteros casados.

---

12. CONCILIO VATICANO II, *Presbyterorum Ordinis,* 16 a (*Concilio Vaticano II. Constituciones. Decretos. Declaraciones. Legislación posconciliar,* BAC Madrid 1970[7], p. 506).
13. *Ibidem,* 16 b (p. 507).

5
La mujer en la Iglesia

Al principio no fue así

Como se había ido deteriorando tanto la situación de la mujer en el judaísmo, Jesús necesitó recordar que «al principio no era así» (Mt 19,8). Tampoco en la Iglesia fueron así las cosas al principio. Más bien al contrario, la mujer tuvo en los primeros años del cristianismo un protagonismo insospechado para lo que eran aquellas culturas patriarcales.

Como es sabido, junto a los discípulos, acompañaban a Jesús no pocas mujeres: María Magdalena, Juana (mujer de Cusa, administrador de Herodes), Susana y «otras muchas» (Lc 8,1-3). El caso de María Magdalena resulta especialmente significativo, porque fue la primera persona que anunció la resurrección de Cristo, necesitando, por cierto, vencer la incredulidad de los apóstoles, por lo que fue llamada durante la Edad Media «apóstola de los apóstoles» (*apostola apostolorum*)[1].

Igualmente, y a pesar de la fama de antifeminista que tiene el Apóstol de los gentiles, «muchas mujeres colaboraron con Pablo en la predicación del evangelio, participaron en el trabajo apostólico y lucharon a la par de los varones. (...) Nombra en especial

1. BROWN, Raymond E., *Las Iglesias que los apóstoles nos dejaron,* Desclée de Brouwer, Bilbao 1986, p. 95.

a Evodia, Síntique (Flp 4,2-3), Prisca (Rom 16,3-5), María (16,6), Junia (16,7), Trifena, Trifosa y Pérside (16,12). Junia es llamada "apóstol" en el sentido amplio que esta palabra tenía en la primitiva comunidad cristiana (ver 1 Cor 15,7). Algunas mujeres fueron dirigentes de comunidades; Febe estuvo a cargo o tuvo un cargo importante en la iglesia de Cencreas (Rom 16,1); Prisca con su esposo Áquila era proclamadora y maestra de la fe y reunía una comunidad en su casa (16,5)»[2].

Por Taciano sabemos que en el siglo II los paganos criticaban la importancia que tenía la mujer en las primeras comunidades cristianas[3]. Más tarde, Porfirio (siglo III), adversario del cristianismo, llegará a decir que la Iglesia estaba dominada por las mujeres.

Además, la existencia de un diaconado femenino es un fenómeno histórico perfectamente documentado hasta bien entrado el siglo VI en numerosas comunidades de la Iglesia oriental, como los patriarcados de Jerusalén y Antioquía. En el patriarcado de Constantinopla tuvo varias y curiosas alternancias hasta su extinción definitiva en el siglo X o, todo lo más, en el XI. En la Iglesia latina el diaconado femenino debió de estar mucho menos extendido. No se han encontrado testimonios sobre él en las Iglesias del norte de África ni en las de la España romana y visigótica, aunque son relativamente frecuentes en las Iglesias de la Galia. En la Iglesia de Roma tampoco parece haber existido nunca[4].

---

2. NARDONI, Enrique, *Los que buscan la justicia. Un estudio de la justicia en el mundo bíblico,* Verbo Divino, Estella 1997, p. 272.
3. TACIANO, *Discurso contra los griegos,* 33 (*Padres apologistas griegos,* BAC, Madrid 1954, pp. 617-619).
4. Cfr. ALCALÁ, Manuel, *Mujer. Iglesia. Sacerdocio,* Mensajero,

Es verdad que puede discutirse si la imposición de manos sobre las diaconisas era un sacramento o sólo un «sacramental» (por utilizar una distinción posterior), pero el análisis de los rituales que han llegado hasta nosotros (oraciones; imposición de manos por el obispo, que después le cruzaba la estola sobre el cuello; entrega del cáliz; etc.) hace pensar que se trataba de un verdadero sacramento, igual que en el caso de los varones[5].

El actual malestar

Sin embargo, las tendencias antifeministas se fueron imponiendo paulatinamente. Hoy algunos piensan que «la mujer en la Iglesia constituye un auténtico "sub-proletariado" dentro del laicado eclesial»[6], lo cual provoca, como es obvio, un profundo malestar.

Desde luego, no estoy planteando el acceso de la mujer al sacerdocio, porque, como es sabido, el 22 de mayo de 1994 Juan Pablo II declaró: «Con el fin de quitar toda duda sobre una cuestión de gran importancia [*magni momenti*] que atañe a la misma divina constitución de la Iglesia, en virtud de mi ministerio de confirmar en la fe a los hermanos (cfr. Lc 22,32), declaro que la Iglesia no tiene en modo alguno [*nullatenus*] la facultad de conferir la ordenación sacerdotal a las mujeres, y que este dictamen debe ser considerado como definitivo por todos los

---

Bilbao 1995, pp. 211-236; FERNÁNDEZ, Domiciano, «La ordenación de diaconisas»: *Proyección* 42 (1995) 111-126.

5. Cfr. VAGAGGINI, G., «L'ordinazione delle diaconesse nella tradizione greca e bizantina»: *Orientalia Christiana Periodica* 40 (1974) 145-189.
6. CABALLERO, Basilio, *Bases de una nueva evangelización,* Paulinas, Madrid 1993, p. 345.

fieles de la Iglesia [*hanc sententiam ab omnibus Ecclesiae fidelibus esse definitive tenendam*]»[7].

Pero la exclusión del sacerdocio está muy lejos de poder justificar la discriminación que hoy padece la mujer en la Iglesia. Basta hojear cualquier «Anuario Pontificio» para constatar la casi total ausencia de mujeres en los organismos eclesiásticos informativos y consultivos, que nada tienen que ver con la «ordenación», así como en los judiciales y ejecutivos, que tampoco se derivan de ella. Esto ocurre análogamente, a niveles diocesanos e interdiocesanos, en la mayoría de las Iglesias particulares.

Otras veces la discriminación no es sólo de hecho, sino también de derecho. Por ejemplo, el *motu proprio* «Ministeria quaedam», por el que Pablo VI reguló en 1972 los ministerios no ordenados, estableció que «la institución del lector y del acólito, según la venerable tradición de la Iglesia, se reserva a los varones»[8]. Discriminación legal que resulta ahora más injustificada que nunca, puesto que la tradición calificada de «venerable» se apoyaba en el carácter de «órdenes menores» que antes tenían dichos oficios, y precisamente el citado *motu proprio* suprimió dicho carácter, convirtiéndolos en ministerios *laicales*.

---

7. JUAN PABLO II, «Carta apostólica sobre la ordenación sacerdotal reservada sólo a los hombres», núm. 4: *Ecclesia* 2.688 (11 de junio de 1994) 889.
8. *Ministeria quaedam* (15 de agosto de 1972), VII (PARDO, Andrés [ed.], *Documentación litúrgica posconciliar. Enchiridion,* Regina, Barcelona 1992, p. 977).

Por un nuevo planteamiento

Existe en la Iglesia un clamor –y, afortunadamente, no sólo entre las mujeres– que pide acabar con este estado de cosas. Por ejemplo, en la VII Asamblea ordinaria del Sínodo de los Obispos, celebrada en Roma durante el mes de octubre de 1987, que versó sobre *La vocación y misión de los laicos en la Iglesia y en el mundo, a los veinte años del Vaticano II,* alrededor de 30 padres sinodales de todos los continentes hablaron sobre la situación de la mujer en la Iglesia[9]:

– Casi todos ellos coincidieron en que la mujer no tiene todavía reconocida su dignidad en la Iglesia.

– Un obispo canadiense, mons. Jean-Guy Hamelin, afirmó que «los argumentos utilizados hasta ahora para reservar el ministerio ordenado a los hombres convencen poco, a los jóvenes sobre todo»[10].

– Varios pidieron la restauración del diaconado femenino, y muchos más que se estudiase seriamente el problema.

– Numerosos sinodales pidieron que la mujer pueda acceder a los ministerios ya instituidos de lectorado y acolitado. «Produce asombro ante el pueblo –dijo el Cardenal Daneels, en cuanto relator de su grupo– el que los ministerios laicales de lector y acólito estén reservados a los varones»[11].

---

9. Cfr. ALCALÁ, Manuel, «Laicos, Iglesia, mundo. Claroscuro del Sínodo episcopal»: *Razón y Fe* 216 (1987) 1064-1065.

10. HAMELIN, Jean-Guy, «Por una humanidad según el corazón de Dios»: *Vida Nueva* 1.606-1.607 (7-14 de noviembre de 1987) 2.365.

11. Cit. por MANZANARES MARIJUÁN, Julio, *La figura del laico en el Sínodo Episcopal de 1987* (XXI Semana Española de Derecho Canónico, *El laicado en la Iglesia,* Universidad Pontificia, Salamanca 1989, p. 90).

– Varios indicaron la conveniencia de crear nuevos ministerios por los que la mujer sería oficialmente enviada.

– Varios más afirmaron que la Iglesia debería reconocer su culpa en la discriminación de la mujer y tratarla, al menos, como la trató Jesús durante su vida.

Y durante la IX Asamblea ordinaria del Sínodo episcopal, celebrada en Roma en octubre de 1994 y cuyo tema fue *La vida consagrada y su función en la Iglesia y en el mundo,* el obispo Ernest Kombo, SJ (Owondo, República del Congo) pidió que la mujer pudiera llegar a los puestos supremos de asesoramiento papal y de responsabilidad de los dicasterios curiales, es decir, al cardenalato. La propuesta se recibió como una *boutade,* mereciendo comentarios irónicos; pero, como decía Juan Luis Ruiz de la Peña en el último libro que publicó en vida: «Si la función eclesial de los cardenales es dar testimonio de fe hasta el martirio, elegir al papa y ayudarlo en el gobierno de la Iglesia, *¿cómo dudar de que hay mujeres idóneas para cumplir esos cometidos tan dignamente como, por ejemplo, los teólogos nombrados cardenales en los últimos consistorios?*»[12].

Es importante escuchar estas voces proféticas, porque, como se ha dicho muchas veces, corremos un serio peligro de perder a la mujer en el siglo XXI, igual que perdimos a la clase obrera en el XIX[13]. Y sólo los muy miopes se dan de bruces contra un obstáculo que se veía venir.

12. RUIZ DE LA PEÑA, Juan Luis, *Crisis y apología de la fe,* Sal Terrae, Santander 1995, p. 347.
13. Cfr., por ejemplo, AUBERT, Jean-Marie, *La mujer. Antifeminismo y cristianismo,* Herder, Barcelona 1976, p. 209; REESE, Thomas J., «Más allá del 2001: Preparando la Iglesia para el próximo milenio»: *Selecciones de Teología* 38 (1999) 99.

6
El ejercicio de la autoridad en la Iglesia

Desde 1974 el mundo asiste a una oleada democratizadora. Comenzó cayendo la dictadura portuguesa el 25 de abril de 1974; en noviembre de aquel mismo año ocurrió lo mismo en Grecia, y tres años después en España. Más tarde, se extendió el proceso democratizador por América Latina (Argentina, Uruguay, Brasil, Honduras, Guatemala, Nicaragua, Chile), Asia (Filipinas, Pakistán) y África (Nigeria, Sudáfrica). A partir de 1989 empezó a instaurarse también la democracia en los países europeos que hasta entonces habían formado el bloque comunista (Hungría, las repúblicas bálticas, Polonia, Checoslovaquia, Alemania Oriental, Rumanía, hasta llegar a la propia Rusia)[1]. Es verdad que todavía quedan en el mundo bastantes países no democráticos, pero sus mismas poblaciones sienten ultrajada su dignidad humana y reivindican un cambio de régimen.

Dado que la Iglesia está llamada a encarnarse en las diferentes culturas y ambientes, no podemos eludir el problema que supone en el mundo actual su estructura organizativa, tan alejada de los usos democráticos. Es inevitable que los católicos que viven en

1. Cfr. HUNTINGTON, Samuel P., *La tercera ola. La democratización a finales del siglo XX,* Paidós, Barcelona 1994.

un país democrático hagan comparaciones cuando son invitados, por ejemplo, a participar en la designación de los responsables políticos y no de los responsables eclesiales.

Leemos en la *Gaudium et Spes* del Concilio Vaticano II: «La Iglesia, por disponer de una estructura social visible, señal de su unidad en Cristo, puede enriquecerse, y de hecho se enriquece también con la evolución de la vida social, no porque le falte en la constitución que Cristo le dio elemento alguno, sino para conocer con mayor profundidad esta misma constitución, para expresarla de forma más perfecta y para adaptarla con mayor acierto a nuestros tiempos»[2].

Es verdad que, precisamente cuando el Concilio alude a «la constitución que Cristo le dio», está señalando una diferencia clave que existe entre la Iglesia y los regímenes democráticos. La Iglesia *no* es una democracia, porque la soberanía no radica en el pueblo, sino en Cristo, que es su Cabeza (Ef 5,23; Col 1,18). Esto supone que al pueblo de Dios le está prohibida la autodeterminación última. Esa «constitución que Cristo le dio» nunca podrá ser modificada por voluntad del pueblo fiel. Sin embargo, muchas prácticas que la opinión pública considera características de las democracias no sólo son perfectamente compatibles con «la constitución que Cristo dio a la Iglesia», sino mucho más coherentes con ella que las prácticas contrarias, y por lo tanto deben aclimatarse en su seno. Mencionaremos las más importantes:

---

2. CONCILIO VATICANO II, *Gaudium et Spes,* 44 c (*Concilio Vaticano II. Constituciones. Decretos. Declaraciones. Legislación posconciliar,* BAC, Madrid 1970[7], p. 327).

Corresponsabilidad

En el pasado, la Iglesia estimuló mucho la pasividad del pueblo fiel. Recordemos, por ejemplo, unas tremendas palabras de San Pío X: «Sólo en la jerarquía residen el derecho y la autoridad necesaria para promover y dirigir a todos los miembros hacia el fin propio de la sociedad. En cuanto a la multitud, no tiene más obligación que dejarse gobernar y obedecer dócilmente las directrices de sus pastores»[3].

De unas relaciones tan asimétricas entre gobernantes y gobernados sólo males pueden derivarse. Cuando un pueblo recibe constantemente «comunicados» de los que gobiernan, pero no le consultan nunca, se va volviendo «mudo». *El paternalismo de los gobernantes produce el infantilismo de los gobernados.* Y la Iglesia no sólo ha fomentado ese infantilismo, sino que lo ha confundido torpemente con la obediencia cristiana. A menudo se puso como ejemplo la actitud de quienes rehusan participar en cualquier discernimiento comunitario y dicen modestamente: «A mí, lo que me manden».

También en la Iglesia tendría efectos benéficos esa virtud que los politólogos, desde Locke hasta Tocqueville, llaman «amor a la cosa pública». Lo reconoció Pablo VI: «Los fieles, revestidos del sacerdocio común, no deben ser considerados como súbditos, sino como colaboradores del orden jurídico»[4]. Así pues, es necesario dar actualidad otra vez en la Iglesia a aquella máxima tomada del Derecho Romano que incluso –y sobre todo– los papas más

---

3. PÍO X, *Vehementer nos* (11 de febrero de 1906), n. 8 (*Doctrina Pontificia*, t. 2, BAC, Madrid 1958, p. 390).
4. PABLO VI, «Discurso a la Rota Romana» (4 de febrero de 1977): *Ecclesia* 1.827 (26 de febrero de 1977) 289.

autoritarios de la Edad Media (un Inocencio III, un Bonifacio VIII) invocaban constantemente: «Lo que afecta a todos, debe ser tratado por todos»[5].

Necesitamos pastores en quienes la «gracia de estado» no arruine aquella humildad que hacía decir a San Cipriano: «Desde el principio de mi episcopado determiné no tomar ninguna resolución por mi cuenta, sin vuestro consejo y el consentimiento de mi pueblo»[6]. O bien: «Sobre este punto no creo poder dar juicio por mi parte solamente, puesto que todavía están ausentes muchos del clero (...) y ha de estudiarse y aquilatarse el caso de cada uno con todo detalle, no sólo con mis colegas, sino con todo el pueblo»[7].

Naturalmente, para lograr un ejercicio efectivo de la corresponsabilidad dentro de la Iglesia es necesario disponer de cauces apropiados, y no basta con que sean consultivos. Los organismos meramente consultivos permiten una corresponsabilidad muy limitada, y si con cierta frecuencia las decisiones de los responsables eclesiales no tienen en cuenta el juicio del Consejo, apagan lentamente el interés de sus miembros.

Además, sería imposible que el pueblo de Dios pueda participar responsablemente en la vida de la Iglesia si no está correctamente informado de cuanto ocurre en ella. La Instrucción Pastoral «Communio et Progressio», que fue preparada por mandato especial del Concilio Vaticano II, decía: «Cuando el estu-

---

5. Cfr. CONGAR, Yves-M., «Quod omnes tangit, ab omnibus tractari et approbari debet»: *Revue Historique de Droit Français et Étranger* (1958) 210-259.
6. CIPRIANO DE CARTAGO, *Carta 14,* 4 (*Obras de San Cipriano,* BAC, Madrid 1964, p. 412).
7. CIPRIANO DE CARTAGO, *Carta 34,* 4 (*ed. cit.,* pp. 467-468).

dio de una cuestión en la Iglesia exija secreto, deben observarse las normas generales que se siguen en la sociedad civil. Sin embargo, las riquezas espirituales de las que la misma Iglesia es signo piden que las noticias que sobre sus programas y múltiple acción se difunden sean del todo íntegras, verdaderas y claras. Por ello, cuando las autoridades religiosas no quieren o no pueden dar tales noticias, dan fácilmente ocasión más a la difusión de rumores perniciosos que al esclarecimiento de la verdad. Por tanto, el secreto se ha de restringir y limitar sólo a lo que exijan la fama y estima de las personas y los derechos de los individuos o de los grupos»[8].

Respeto al pluralismo

A menudo en la Iglesia se ha buscado acallar cualquier discrepancia, aunque fuera en asuntos plenamente opinables. Se confundía la unidad con la uniformidad. Esto resulta, a la larga, profundamente empobrecedor, porque, como decía Walter Lippmann, «donde todos piensan igual, nadie piensa mucho». Necesitamos en la Iglesia pastores que tengan *la sospecha de no estar siempre en lo cierto* y que por eso, lejos de considerar a quienes discrepan de ellos como enemigos a los que conviene silenciar, les faciliten la difusión de sus opiniones. Ya dijo Pío XII que «la Iglesia es un cuerpo vivo, y le faltaría algo a su vida si la opinión pública le faltase»[9].

---

8. PONTIFICIA COMISIÓN PARA LOS MEDIOS DE COMUNICACIÓN SOCIAL, *Communio et Progressio,* 121 (Paulinas, Madrid 1971, p. 66).
9. PÍO XII, *Discurso al Primer Congreso Internacional de la Prensa Católica* (17 de febrero de 1950), núm. 22 (*Doctrina Pontificia,* t. 2, BAC, Madrid 1958, p. 974).

Naturalmente, el pluralismo en las sociedades de libre pertenencia –como es la Iglesia– tiene siempre como límite el respeto a la identidad básica de la organización a la que uno libremente ha querido pertenecer. En este caso, lo que desde las cartas pastorales llamamos «depósito de la fe» (2 Tim 1,12.14). Pero en las restantes cuestiones no se debería nunca coartar la libertad de expresión. El Vaticano II hizo suyo un acertado principio inspirado en San Agustín, bien que de origen anglicano o luterano en su formulación: «Haya unidad en lo necesario, libertad en lo dudoso, caridad en todo»[10].

Elección de los pastores por el pueblo

El Código de Derecho Canónico vigente afirma que los obispos son nombrados libremente por el Romano Pontífice[11], pero eso no está incluido necesariamente en «la constitución que Cristo dio a la Iglesia» y, de hecho, no siempre fue así.

El texto más antiguo de carácter legal que aporta información sobre la elección de los obispos es la *Tradición Apostólica,* escrita por Hipólito de Roma hacia el año 215, pero que recoge y sistematiza la praxis de tiempos anteriores. Allí se prescribe «que se ordene como obispo aquel que, siendo digno, haya sido elegido por todo el pueblo» (*Episcopus ordinetur electus ab omni populo*)[12]. En este texto la pala-

10. CONCILIO VATICANO II, *Gaudium et Spes,* 92 b (*ed. cit.,* p. 408). Sobre la historia de la fórmula véase CONGAR, Yves-M., *Santa Iglesia,* Estela, Barcelona 1968², pp. 108-109.
11. Canon 377, § 1 (*Código de Derecho Canónico,* BAC, Madrid 1983, pp. 166-167).
12. HIPÓLITO DE ROMA, *La tradición apostólica,* n. 2 (Sígueme, Salamanca 1986, pp. 30 y 44).

bra *episcopus* tiene ya prácticamente el mismo sentido que entre nosotros: Es el que preside una Iglesia local.

A principios del siglo IV, las *Constituciones Apostólicas* presentan incluso como de derecho divino la elección de los obispos por el pueblo, y apelan para ello a la autoridad de los apóstoles cuando dicen que se ordene «obispo a un hombre intachable en todos los aspectos y elegido por todo el pueblo»[13].

San Cipriano, refiriéndose a la elección del Papa Cornelio, utiliza la expresión «suffragium», el mismo término que se usaba para las elecciones políticas en los comicios: fue elegido Cornelio «por el voto del pueblo que allí estuvo presente»[14]. En otra carta escribe: «Viene de origen divino el elegir al obispo en presencia del pueblo, a la vista de todos, para que todos lo aprueben como digno e idóneo por juicio y testimonio públicos»[15].

San León Magno, a principios del siglo V, enuncia el principio de que «el que ha de regir a todos debe ser elegido por todos» (*Qui praefuturus est omnibus, ab omnibus eligatur*)[16].

Parece que en ocasiones la elección se llegó a hacer por aclamación popular. Así consta en el caso de San Ambrosio[17], aunque quizá la narración esté idealizada, como ocurre en tantos relatos hagiográficos. En todo caso, no era ése el procedimiento usual.

Debemos precisamente a San Ambrosio una relación muy detallada de cómo se hacían en su tiempo

---

13. *Constituciones Apostólicas,* lib. 8, cap. 4, n. 2 (FUNK, I, 473).
14. CIPRIANO DE CARTAGO, *Carta 55,* 8 (*Obras de San Cipriano,* BAC, Madrid 1964, p. 526).
15. CIPRIANO DE CARTAGO, *Carta 67,* 4 (*ed. cit.,* p. 634).
16. LEÓN MAGNO, *Carta 10,* 4 (PL 54, 628).
17. PAULINO, *Vita Ambrosii,* 6 (PL 14, 31 A).

las elecciones episcopales. La encontramos en una larga carta (la número 63) dirigida a la comunidad de Vercelli el año 396. Allí afirma que en la elección canónica intervienen tres instancias: los fieles de la ciudad, los presbíteros y los obispos de la provincia, sin cuya presencia no habría ordenación. Son las tres mismas instancias que exigen los llamados *Statuta Ecclesiae Antiqua,* o «cánones antiguos de la Iglesia»: una vez comprobada su formación y fidelidad doctrinal –dicen–, «con el consentimiento de los clérigos y de los laicos, y reuniéndose los obispos de toda la provincia», sea ordenado obispo[18].

Sin embargo, no siempre se cumplieron tales normas. En casos aislados el ministerio episcopal llegó a transmitirse por herencia, de padres a hijos, lo que fue criticado por Orígenes[19]. Otras veces se hizo por cooptación. Sabemos, por ejemplo, que San Agustín fue elegido por Valerio, el anciano obispo de Hipona, para sucederle cuando él muriera, aun cuando posteriormente el pueblo dio gustoso su consentimiento[20]. Llegado el momento, también San Agustín propuso al pueblo un candidato para sucederle: Heraclio[21]. Pero ese procedimiento no deja de ser peligroso. Un sínodo convocado por el papa Hilario en el año 465 observaba con mucha razón: «Algunos obispos, al final de su vida, deciden colocar a otro en su lugar, de modo que no dejan lugar a una elección auténtica,

18. DENZINGER, Heinrich, y HÜNERMANN, Peter, *El magisterio de la Iglesia,* § 325 (Herder, Barcelona 1999, pp. 172-173).
19. ORÍGENES, *Homilías sobre el libro de los Números,* 22, 4 (PG 12, 744).
20. Cfr. POSIDIO, *Vida de San Agustín,* cap. 8 (*Obras Completas de San Agustín,* t. 1, BAC, Madrid 1979[5], pp. 313-315).
21. AGUSTÍN DE HIPONA, *Carta 213* (*Obras completas de San Agustín,* t. 11 b, BAC, Madrid 1972[2], pp. 235-240).

porque la gratitud hacia el difunto sustituye al consentimiento popular[22].

Naturalmente, cuando el pueblo no participaba en la elección podía ocurrir que se negara a aceptar al nuevo obispo. En tal caso, el Concilio de Ancira (año 314) tomó partido a favor de la comunidad, ordenando al obispo rechazado que volviera al presbiterio del que acababa de salir[23].

El año 428, Celestino I escribió a los obispos de Vienne: «Que no se imponga ningún obispo contra la voluntad del pueblo [*nullus invitis detur episcopus*]. Búsquese el deseo y el consentimiento del clero, del pueblo y de los hombres públicos [*ordinis*]. Y sólo se elija a alguien de otra iglesia cuando en la ciudad para la que se busca el obispo no se encuentre a nadie digno de ser consagrado (lo cual no creemos que ocurra)»[24]. Y fue seguido por los concilios de Orléans (año 549) y París (año 557). También lo recoge el Decreto de Graciano hacia el año 1140[25].

Desgraciadamente, a medida que el episcopado fue acaparando poder temporal, fueron aumentando también las ingerencias de los nobles y de los reyes en el nombramiento de obispos, muchas veces en favor de sus hijos naturales. Es verdad que se guardaban las formas, puesto que sin la participación del clero y del pueblo no cabía elección canónica, pero la voluntad del noble o del rey acababa prevaleciendo[26]. Ya en 1016-1017 escribía Fulgencio de Chartres: «¿Cómo hablar de elección cuando una

---

22. Mansi VII, 962.
23. Concilio de Alcira, canon 18 (Mansi II, 519).
24. CELESTINO I, *Carta 4,* 5 (PL 50, 434).
25. *Decreto de Graciano,* c. 13, d. 41 (Ed. Friedberg, I, 231).
26. Cfr. GONZÁLEZ FAUS, José Ignacio, *«Ningún obispo impuesto» (San Celestino, papa),* Sal Terrae, Santander 1992, pp. 55-105.

persona es impuesta por el príncipe, de forma que ni el clero, ni el pueblo, ni tan siquiera los obispos pueden pensar en otro candidato?».

A partir del siglo XI, los papas emprendieron la lucha contra las investiduras civiles. En un primer momento intentaron restituir al pueblo el derecho de elegir a sus pastores, pero pronto vieron que la única forma de salvaguardar eficazmente la libertad de la Iglesia era una especie de «estado de excepción» que reservara al Papa la designación. Ya Gregorio VII (1073-1085) pidió a los canonistas, y sobre todo a Pedro Damián, que reuniesen todos los textos aptos para justificar la máxima autoridad papal. Por fin, en 1363, Urbano V pudo proclamar su derecho a nombrar en toda la cristiandad patriarcas, arzobispos, obispos, abades y abadesas.

Sin embargo, esa reserva en manos del papa de las designaciones episcopales suscitó bastante oposición. El Concilio de Basilea –cuyas primeras 25 sesiones tienen plena consideración de concilio ecuménico– decretó en la sesión 12 (año 1433): «El Espíritu de Dios, a través de los sagrados cánones públicos, determinó providencialmente que cada iglesia y cada colegio o comunidad se elijan su propio prelado. Y, en seguimiento de ello, este santo Concilio, convocado por el mismo Espíritu Santo, establece y define que no deben hacerse (y, si ya están hechas, no deben utilizarse) las reservaciones generales al papa de los cargos electivos de las sedes metropolitanas, catedralicias, colegiatas y monasterios. (...) Dispone también este santo Concilio que sería razonable y de utilidad pública el que el papa no atente nada contra este decreto saludable, a menos que haya alguna causa evidente y razonable, que deberá nombrar expresamente en sus letras apostólicas»[27].

El caso es que el proceso de centralización siguió adelante, aunque sólo muy recientemente se hizo realidad efectiva en todo el mundo esa designación de los obispos por el Papa. Todavía a comienzos del siglo XX –subraya el historiador Leonard Swidler–, menos de la mitad de los obispos del mundo eran elegidos directamente por el Papa[28]. En muchos países intervenían en la designación el Estado o el capítulo catedralicio, aun cuando Roma debía ratificar la elección, una vez concluido el proceso electoral. Todavía hoy conservan ese privilegio los cabildos catedralicios de Basilea y Saint-Gall, aunque el nombre del elegido debe ser remitido a Roma para su confirmación por el Papa. También, desde luego, las Iglesias católicas de rito oriental, aunque en este caso el cuerpo electoral se limita a una asamblea de patriarcas y obispos. Debido a eso, el canon 377 es algo más largo de lo que citamos más arriba. Dice así: «El Sumo Pontífice nombra libremente a los Obispos *o confirma a los que han sido libremente elegidos*»[29].

La historia que acabamos de resumir muestra claramente que la reserva de las designaciones episcopales en manos del Papa no se debe a razones teológicas, sino a una serie de motivos coyunturales: extinción de un laicado adulto, costumbres simoníacas y nepotismo, ingerencia de los poderes públicos, etc. Desaparecidas hoy las razones que en su mo-

27. Cit. *ibidem.*, p. 129.
28. SWIDLER, Leonard, «Democracy, Dissent and Dialogue», en (KÜNG, Hans, y SWIDLER, Leonard [eds.]), *The Church in Anguish,* Harper & Row, San Francisco 1987, p. 310.
29. Canon 377, § 1 (*ed. cit.,* pp. 166-167). El subrayado es mío.

mento hicieron conveniente la designación directa de los obispos por el Papa, deberíamos buscar fórmulas para que el pueblo cristiano recupere su protagonismo.

Conviene prevenir un malentendido. En los regímenes democráticos el pueblo elige a los gobernantes porque son delegados suyos. El obispo no es en absoluto un delegado de la comunidad. Únicamente Cristo es el origen de la potestad episcopal, pero eso no se opone a que una u otra instancia eclesial deba designar a los candidatos. Igual que, cuando los designa el Papa, no decimos que los obispos son delegados suyos, si los designara el pueblo tampoco serían delegados del pueblo.

Epílogo
El futuro se llama esperanza

John Mott (1865-1955), un activo misionero metodista, popularizó la divisa «el mundo para Cristo en esta generación»[1]. No ha pasado mucho tiempo desde entonces, pero hasta los cristianos más optimistas de nuestros días consideran inviable esa meta. Como vimos en páginas anteriores, un gran teólogo ha llegado incluso a preguntarse si no seremos nosotros los últimos cristianos.

Es cierto que «la verdad no tiene nada que ver con el número de personas a las que persuade»[2]; pero cuando tantos que «eran de los nuestros» (1 Jn 2,19) se despiden de sus creencias sin hacer siquiera duelo por ellas, es difícil evitar una pérdida de confianza en nosotros mismos. Esto quiere decir que los desafíos aquí analizados nos pillan en un momento de debilidad y, más que estimularnos, podrían quizá tener un efecto paralizador.

Por eso me ha parecido oportuno, antes de poner punto final, recordar aquella preciosa visión de los huesos secos que tuvo el profeta[3]:

---

1. POL, W.H. van de, *El final del cristianismo convencional,* Carlos Lohlé, Buenos Aires 1969, p. 282; ID., *El futuro de la Iglesia y del cristianismo,* Desclée de Brouwer, Bilbao 1973, p. 220.
2. LUBAC, Henri de, *El drama del humanismo ateo,* EPESA, Madrid 1967[2], p. 142.
3. Voy a aprovechar, casi al pie de la letra, el comentario de Gerhard von RAD, *Sermones,* Sígueme, Salamanca 1975, pp. 47-54.

> «La mano del Señor se posó sobre mí, y el espíritu del Señor me llevó hasta un valle que estaba lleno de huesos. Me hizo caminar entre ellos en todas direcciones. Había muchísimos por el suelo del valle y estaban completamente secos. Entonces me dijo:
>
> – Hijo de Adán, ¿podrán revivir estos huesos?
>
> Yo le respondí:
>
> – Señor, tú lo sabes.
>
> Y me ordenó:
>
> – Profetiza sobre estos huesos y diles: ¡Huesos secos, escuchad la palabra del Señor! Así dice el Señor a estos huesos: Os voy a infundir espíritu para que reviváis. Os recubriré de tendones, haré crecer sobre vosotros la carne, os cubriré de piel, os infundiré espíritu y viviréis, y sabréis que yo soy el Señor» (Ez 37,1-6).

En el Antiguo Testamento vemos a un pueblo entero ocupado con Dios. ¡Todo un pueblo!: los reyes y los campesinos, los sabios y los ignorantes, los sacerdotes y las doncellas... Todos ocupados con Dios. No siempre de forma airosa, es verdad; los fallos eran frecuentes, pero aun entonces –y quizá más que nunca– se volvían hacia el Señor con el corazón compungido. Pasearnos por entre ese pueblo, escuchar sus conversaciones, asomarnos a su corazón, es un privilegio que nunca sabremos valorar adecuadamente.

En esta ocasión encontramos a un anciano a quien el Señor lleva a una planicie que estaba llena de huesos completamente secos, y le explica: «Hijo de Adán, estos huesos son todo el pueblo de Israel. Andan diciendo: "Se han secado nuestros huesos, se ha desvanecido nuestra esperanza, estamos perdidos"» (v. 11). No es necesario un gran esfuerzo para meternos en el pellejo de aquellos israelitas que estaban cautivos en Babilonia; nosotros conocemos bien el desfallecimiento de nuestras comunidades y comprendemos todo el alcance de la pregunta que el Señor dirige al anciano: «Hijo de Adán, ¿podrán revivir estos huesos?» (v. 3). Aparentemente, la respuesta del anciano–«Señor, tú lo sabes» (v. 3)– es un poco rara y no concuerda demasiado con lo que nosotros habríamos esperado de un profeta. Y, sin embargo, es una respuesta de fe profunda: «Señor, tú lo sabes»; nuestros huesos están tan resecos que razonablemente nada podemos esperar, pero tú puedes hacer que revivamos.

Entonces ocurrió algo extraordinario:

> «Se oyó un estruendo; la tierra se estremeció, y los huesos se ensamblaron, hueso con hueso. Miré y vi cómo sobre ellos aparecían los tendones, crecía la carne y se cubrían de piel» (vv. 7-8).

Ruego al lector que abra bien los ojos. ¿Acaso no percibe cómo nuestros huesos secos empiezan ya a retoñar y se están cubriendo de múltiples signos esperanzadores?: la revitalización de las comunidades cristianas y de las parroquias, debido a una mayor corresponsabilidad en la vida interna de las mismas; los avances significativos en el sector de la catequesis y de la educación de la fe en general; la incorporación de los laicos al estudio de la Biblia y de la teología; una opción decidida por los pobres en muchos institutos de vida consagrada y en otros muchos colectivos eclesiales... Sin duda, *el futuro se llama esperanza.*

Alguien dijo que la esperanza es *el sueño de un hombre despierto.* Estobeo se lo atribuyó a Píndaro; Eliano, a Platón; y Diógenes Laercio, a Aristóteles.

Ninguna de esas atribuciones merece demasiado crédito, pero nos da igual quién lo dijera por primera vez. El hecho es que la frase resulta muy sugerente. Un ejemplo de sueño con los ojos abiertos para este tercer milenio que estamos estrenando sería «El nuevo génesis», que escribió el que fuera asistente del Secretario General de las Naciones Unidas, Robert Muller. Dice así:

> «Y Dios vio que todas las naciones de la Tierra, negras y blancas, pobres y ricas, del Norte y del Sur, del Oriente y del Occidente, de todos los credos, enviaban sus emisarios a un gran edificio de cristal a orillas del río del Sol Naciente, en la isla de Manhattan, para estudiar juntos, pensar juntos y juntos cuidar del mundo y de todos sus pueblos.
>
> Y Dios dijo: "Eso es bueno".
>
> Y ése fue el primer día de la Nueva Era de la Tierra.
>
> Y Dios vio que los soldados de la paz separaban a los combatientes de las naciones en guerra, que las diferencias se resolvían mediante la negociación y el raciocinio y no por las armas, y que los líderes de las naciones se encontraban, intercambiaban ideas y unían sus corazones, sus mentes, sus almas y sus fuerzas para el beneficio de toda la humanidad.
>
> Y Dios dijo: "Eso es bueno".
>
> Y ése fue el segundo día del Planeta de la Paz.
>
> Y Dios vio que los seres humanos amaban a la totalidad de la Creación, las estrellas y el sol, el día y la noche, el aire y los océanos, la tierra y las aguas, los peces y las aves, las flores y las plantas y a todos sus hermanos y hermanas humanos.
>
> Y Dios dijo: "Eso es bueno".
>
> Y ése fue el tercer día del Planeta de la Felicidad.

Y Dios vio que los seres humanos eliminaban el hambre, la enfermedad, la ignorancia y el sufrimiento en toda la Tierra, proporcionando a cada persona humana una vida decente consciente y feliz, controlando la avidez, la fuerza y la riqueza de unos pocos.

Y Dios dijo: "Eso es bueno".

Y ése fue el cuarto día del Planeta de la Justicia.

Y Dios vio que los seres humanos vivían en armonía con su planeta y en paz con los demás, gestionando sus recursos con sabiduría, evitando el despilfarro, frenando los excesos, sustituyendo el odio por el amor, la avaricia por el darse por satisfecho, la arrogancia por la humildad, la división por la cooperación, y la suspicacia por la comprensión.

Y Dios dijo: "Eso es bueno".

Y ése fue el quinto día del Planeta de Oro.

Y Dios vio que las naciones destruían sus armas, sus bombas, sus misiles, sus barcos y aviones de guerra, desactivando sus bases y desmovilizando sus ejércitos, manteniendo sólo una policía de la paz para proteger a los buenos de los malos y a los normales de los enfermos mentales.

Y Dios dijo: "Eso es bueno".

Y ése fue el sexto día del Planeta de la Razón.

Y Dios vio que los seres humanos recuperaban a Dios y a la persona humana como su Alfa y Omega, reduciendo a las instituciones, creencias, políticas, gobiernos y demás entidades humanas a su papel de simples servidores de Dios y de los pueblos. Y Dios los vio adoptar como ley suprema aquella que dice: "Amarás al Dios del Universo con todo tu corazón, con toda tu alma, con toda tu mente y con todas tus fuerzas. Amarás a tu bello y maravilloso planeta y lo tratarás con infinito cuidado. Amarás a tus hermanos y hermanas humanos como te amas a ti mismo. No hay mandamientos mayores que estos".

Y Dios dijo: "Eso es bueno".

Y ése fue el séptimo día del Planeta de Dios»[4].

¿Por qué no hacer nuestro un sueño semejante? En uno de los capítulos más importantes de *El principio esperanza,* Bloch compara los sueños nocturnos, que tanto interesaron a Freud, con los sueños diurnos, como el de Martin Luther King que acabamos de recordar. Todo lo que piden los sueños nocturnos es ser *interpretados,* y a ello se dedica el psicoanálisis; en cambio, los sueños diurnos piden convertirse en realidad. El que sueña con los ojos abiertos se siente impulsado a *alcanzar* lo que sueña, y cuando hace castillos en el aire proyecta también sus planos[5].

---

4. MULLER, Robert, *O nascimento de uma civilização global,* Aquariana, São Paulo 1993, pp. 169-171 (cit. por BOFF, Leonardo, *Ecología: grito de la Tierra, grito de los pobres,* Trotta, Madrid 1996, pp. 57-58).
5. BLOCH, Ernst, *El principio esperanza,* t. 1, Aguilar, Madrid 1977, p. 73.